J.B.METZLER

1682

Matthias Politycki
Andreas Urs Sommer

Haltung finden

Weshalb wir sie brauchen
und trotzdem nie haben werden

J.B. Metzler Verlag

ISBN 978-3-476-04981-0
ISBN 978-3-476-04994-0 (eBook)
https://doi.org/10.1007/978-3-476-04994-0

Die Deutsche Nationalbibliothek verzeichnet diese Publikation
in der Deutschen Nationalbibliografie; detaillierte bibliografische Daten
sind im Internet über http://dnb.d-nb.de abrufbar.

J. B. Metzler
© Springer-Verlag GmbH Deutschland, ein Teil von Springer Nature, 2019

Typografie und Satz: Tobias Wantzen, Bremen
Einbandgestaltung: Finken & Bumiller, Stuttgart

J. B. Metzler ist ein Imprint der eingetragenen Gesellschaft
Springer-Verlag GmbH, DE und ist ein Teil von Springer Nature
Die Anschrift der Gesellschaft ist:
Heidelberger Platz 3, 14197 Berlin, Germany

Inhalt

Vorbemerkung 1 ›› Haltung als Programm, Haltung als Spiel 5 ›› Verkrümmungsdruck und großes Gliederstrecken 7 ›› Eine altmodische Haltung der Mitte 9 ›› Aufklärung 6.0 oder Wohlige Horror-Abende mit der Tagesschau 15 ›› Die Verschweizerung Europas als Idee und Erscheinung 16 ›› Schlechte Laune beim Lesen von Nachrichten 20 ›› Blaubeeren, Tannenzapfen, deutscher Alltag 23 ›› Haltungswiderstand und Widerstandshaltung 28 ›› Intellektuelle als Problematisierungskünstler 31 ›› Glück und das neoliberale Recht auf Unglück 37 ›› Bonuspunkte für Herdentiere 38 ›› Gleichgültigkeit als Fokussierungskraft und entfesselte Egozentrik 40 ›› Bauchgrimmen 42 ›› Durchgangswege 46 ›› Haltungsbegriffe und Begriffshaltungen 48 ›› Gewohnheit versus Haltung 49 ›› Die beste aller Welten? 51 ›› Schwertkampf 52 ›› Der Nachbar als Bösewicht 54 ›› Die Grenze der Anderen 57 ›› Auf dem Grill der eigenen Weltanschauung 58 ›› Weltveränderungsworte, Leidenslust 61 ›› Grenzprobleme 63 ›› Kamel – Löwe – Lemming 69 ›› Was Europa sein will, und was es ist 72 ›› Haltung als Selbstbehauptung 78 ›› Rein in die Tonne? Raus aus der Tonne? 83 ›› Japan 85 ›› Sprachpurismus, Selbstzensur, Sprache hinter der Sprache 87 ›› Zivilcourage oder ziviler Ungehorsam 93 ›› In den Pumpensümpfen deutscher Befindlichkeit 96 ›› Freiheit wovon, Freiheit wozu 99 ›› Und nun Hand aufs Herz 101

Vorbemerkung

Wir saßen in einem Münchener Biergarten und kamen auf die jüngsten politischen Entwicklungen zu sprechen. War es nicht so, als ob sich die Verrückten dieser Welt überall als neue Normalität etabliert hatten und nurmehr um die Vorherrschaft ihrer jeweiligen Verrücktheit rangen? Stand man nicht in der Pflicht, sich in diesen emotional aufgeheizten Zeiten zu positionieren, ohne den Stammtischweisheiten des einen oder andern Lagers auf den Leim zu gehen?

Rückbesinnung aufs weltanschaulich ungebundene Fragen erschien uns angesichts des Vormarsches populistischer Antworten bald als das entscheidende Moment, von dem aus sich ein differenziertes Denken und Reden wieder neu entfalten könnte. Die Verteidigung der Demokratie – nämlich der grundsätzlichen Freiheit des gesellschaftlichen Gesprächs ohne Vorabdiskriminierung und -verurteilung –, fängt nicht »irgendwo da oben« an, wo man sie an Parteien, Medien und Institutionen delegieren kann. Sie beginnt in unserem Alltag und bei uns selber, spätestens dann, wenn wir wieder das offene Wort suchen.

Genau das taten wir an jenem Abend. Schnell waren wir uns einig, daß bereits die schiere Suche nach einer Haltung gegenüber all dem, was wir in letzter Zeit achselzuckend zur Kenntnis genommen hatten, der Ausgangspunkt eines neuen Miteinanders sein könnte, das den einzelnen wieder in die Pflicht gegenüber der Gemeinschaft nimmt. Oder das nun gerade doch nicht? Schon waren wir uns uneins. Und beschlossen, unser Gespräch so lange weiterzuführen, bis wir uns wieder einig sein würden – oder bis die Uneinigkeit ausreichend geklärt wäre.

Haltung finden ... Ist überhaupt irgendetwas dringlicher, als diesen aus der Mode gekommenen moralischen Imperativ zu rehabilitieren? Nicht in einer theoretischen Untersuchung, sondern im lockeren Gespräch – ironisch zuspitzend, da und dort mit Absicht auch übertreibend, eher an Denkimpulsen interessiert als daran, einen Gedanken mit all seinem Für und Wider durchzudeklinieren?

Wir sind beide von Nietzsche geprägt, wir lieben seinen Perspektivismus, das spielerische Betrachten der Welt aus verschiedensten Blickwinkeln, weil wir gerade in der wechselnden Erprobung von Standpunkten die Freiheit des Denkens zu erkennen glauben. Wer Nietzsche ernsthaft gelesen hat, *kann* kein Ideologe mehr sein, für welche Sache auch immer. Aber er kann auch kein Abwiegler sein, kein Jeinsager. Sondern eher ein Heißsporn der Wahrhaftigkeit, gerade auch, weil er Wahrheit allein als Vielheit von Wahrheiten kennt und vertritt. Das kritisch aufmerksame, wohlwollend freundschaftliche Geltenlassen der Differenz macht eine lebendige Demokratie aus, sobald die Argumente ausgetauscht sind, und gilt es gegen Indoktrinierer jeglicher Couleur zu verteidigen.

Also haben wir nichts abgeschwächt und den Bogen gespannt gelassen. Jeder von uns hat seine ganz eigenen Standpunkte, die wir nicht glattgeredet, sondern, im Gegenteil, gerade in der Differenz zur Position des jeweils anderen erst richtig verstanden haben:

MP Liebe Linke – wer auch immer sich von diesem Oberbegriff angesprochen fühlt, ob er nun einer der linken Parteien und Splittergruppen angehört oder sich aufgrund seiner Einstellungen und Ideale als solcher empfindet!

Ich war schon ein Grüner, bevor die entsprechende Partei gegründet wurde. Es war unsre Haltung *als Generation*, auch wenn diese Haltung damals noch reichlich unpräzis und umso optimistischer war, jede Diskussion in einer WG-Küche stand unter dem Primat der Weltverbesserung. Dieser Grüne bin ich, jenseits aller parteipolitischen Bindung, bis heute geblieben, gerade auch wenn ich mit dem Kurs der Partei gehadert habe. Mittlerweile hadere ich mit der gesamten Linken – und das als Linker! –, vor allem mit denjenigen ihrer Vertreter, die mich im Alltag als meine eigene Filterblase umgeben. Ich halte es für dringend geboten, ihrer Übergriffigkeit Contra zu geben, ihren immergleichen Maßregelungen und Belehrungen. Natürlich ist die Demokratie vor allem von Rechts bedroht. Aber den Vormarsch der Rechten zu verhindern, sind wir – und ich sage ganz bewußt: wir – alle zusammen und jeder auf seine Weise eifrig bemüht. Meine Haltung hierzu war immer eindeutig und wird es immer sein. Hingegen sehe ich Gesprächsbedarf sehr wohl dort, wo das *offene* öffentliche Gespräch neuerdings von Links bedroht wird und eine längst überfällige Kritik der Linken *aus der linken Ecke* nottut – nicht zuletzt um die Linke auch für all jene wieder glaubwürdig und attraktiv zu machen, die wir durch die Bevormundungen der letzten Jahre ins gegnerische Lager getrieben haben. Liebe Linke, das tut erst mal weh! Aber genau das ist gute linke Tradition. Und damit verwahre ich mich gegen jeden Versuch, meine Kritik *außerhalb* der Linken gegen die Linke zu instrumentalisieren. Sie ist an meine Person gebunden, und nur deshalb bringe ich sie in dieser Schärfe vor.

AUS *Liebe Rechte!*
Ich bin ein Konservativer, das schon. Aber verwechselt mich nicht, ich bin keiner von Euch – von Euch Rechten, die Ihr seit ein paar Jahren wieder durch Europa geistert. Immerhin halte ich Euch zugute, dass Ihr die politische Landschaft ganz schön aufmischt. Es lohnt sich wieder, für Pluralität und Freiheit einzutreten. Dank Euch und gegen Euch. Es macht wieder Freude, Demokrat zu sein. Mein Konservatismus ist ein Gegenwartskonservatismus: Die seit Schopenhauer und Nietzsche vielgeschmähte «Jetztzeitkultur» als die beste aller bisher möglichen Kulturen verdient es, gegen die Gebildeten und Ungebildeten unter ihren Verächtern verteidigt zu werden. Wozu mir weder hektischer Aktivismus noch eifriges antifaschistisches Bekennertum auf Kirchentagen oder «Wir sind mehr»-Konzerten zielführend zu sein scheinen. Sondern eine Haltung gelassener Reflexion, die politisch-ideologischen Dogmatismus mit Ironie quittiert. Denn Politik ist ein Feld der vorletzten Dinge, auf dem Letztgültiges und Felsenfestes nicht anzutreffen ist. Nirgendwo übrigens. Das schreibt Euch, liebe Rechte, hinter die Ohren! Mal sehen, wie viel «rechts» dann bei Euch übrigbleibt.

MP & AUS, 3. März 2019

Haltung als Programm, Haltung als Spiel

AUS Sie hat mich aus kleinen blauen Augen böse angefunkelt, die *Basler Kantonsschulärztin im weissen Kittel, als sie mir, dem acht- oder neunjährigen Knirps, eröffnete, ich hätte einen «Haltungsscha- den». Und mir ohne alle Umschweife «Buggelidurne» verordnete, drei Mal die Woche zwei Stunden – mir, dem kindlichen Sportverächter, der seine Zeit lieber mit Briefmarkensammeln und Schmökern zubrachte. Unweigerlich würde ich in zehn oder zwanzig Jahren einen unförmi- gen Buckel mit mir herumtragen, wenn ich mich nicht schnurstracks der Turntortur unterwürfe – eben dem Turnen für Bucklige. Über die politische Korrektheit des «Buggelidurne» hat man sich damals noch keine Gedanken gemacht – ARAB, «Aufbautraining für rückseitig anders Begabte», wird es heute heissen, vielleicht auch RBME, «Rear Body Mind Enhancement».*

Das Wort «Haltungsschaden» verfolgt mich bis heute. Ein furcht- barer Makel, nur zu tilgen mit eiserner Arbeit an sich selbst. Irgend- wann wurde ich misstrauisch. Nicht erst, als mich der Feldwebel auf dem Kasernenhof anschrie: «Rekrut Sommer, nehmen Sie Haltung an!» Der Buckel liess auf sich warten, und schliesslich kam mir mein Haltungsschaden nicht schlimmer vor als derjenige anderer Leute.

MP Schon mit Deiner allerersten Äußerung provozierst Du den Zeitgeist: Es würde mich nicht wundern, wenn man Dir Frauen- feindlichkeit unterstellen oder Dir doch wenigstens vorwerfen würde, überkommene Klischees zu bedienen, weil Du Dir die »böse funkelnden Augen« einer Hexe für die Beschreibung einer

Ärztin erlaubst. Wenn Du willst, daß man sich auch in der linken Filterblase mit Deinem Haltungsschaden auseinandersetzt, dann reicht es nicht, wenn Du gegen Neonazis und AfD bist, dann mußt Du auch für politische Korrektheit sein. Und am besten auch gleich für multikulturelle Stadtteile, bedingungsloses Grundeinkommen, quotengeregelte Vergabe von Führungspositionen, geschlechterneutrale Werbung undsoweiterundsofort. Betreutes Denken! Wer von diesem Haltungsverbund abweicht, wird mit der Argumentationskeule biegsam gemacht.

Ja würde es denn ein Kantonsschularzt frauenfreundlicher machen? Und soll ich meine Erinnerung leugnen, weil sie nicht mehr weltbildkompatibel ist? Ich will ja nicht gleich mit Gemeinplätzen kommen. Dass Lebewesen sich aneinander und an ihre Umwelt anpassen müssen, um miteinander zu leben. Dass also Haltung immer etwas ist, was sich im Austausch mit anderen, in der Reibung an anderen erst formt. Und vielleicht sollten wir der so übel beleumundeten Anpassung bei dieser Gelegenheit einen Lorbeerkranz winden: Ist sie es denn nicht, die uns eine Haltung anerzieht, indem wir abzuwägen lernen, wie weit wir vom Geläufigen abweichen können, ohne uns um Kopf und Kragen zu bringen? Und die uns je nach Situation immer neue Haltungen empfiehlt?

Das *freiwillige* Ausprobieren verschiedener Haltungen ist eine philosophische Grundeinstellung, die ich sehr schätze, sozusagen gelebter Perspektivismus, wie ihn schon Nietzsche zum Programm erhob. Das ist Spiel, zumindest zu einem gewissen Teil. Das öffentliche Gespräch unsrer Gesellschaft ist heute jedoch von einem anderen Phänomen geprägt: Themenfelder werden wie Claims abgesteckt, zu denen nur bestimmte Gruppen zugangsberechtigt sind, neue Tabus werden mit weltanschaulichen Zäunen abgesichert, Denk- und Sprachverbote als die dazugehörigen Verkehrsschilder aufgestellt. Einfach nur simpel geradeaus zu denken und dann auch zu formulieren, ist unmöglich geworden; der gemaßregelte Strom unsres gesellschaftlichen Gesprächs wird zu immer aufwendigeren Formulierungsumwegen gezwungen. Vor einem Jahr saß ich mit einem Freund zusammen, und weil wir uns schon jahrelang kannten, diskutierten wir wie eh und je in aller Offenheit drauflos. Plötzlich sagte der Freund: Ich glaube, ich bin genau der Gutmensch, den du nicht magst. Damit war das Gespräch beendet – weil die Grenzüberschreitungen in weltanschaulich markierte Themen-Claims, die wir früher immer wieder gewagt hatten, heute von ihm als persönlicher Affront empfunden wurden. Die Polarisierung unsrer Gesellschaft hatte meinen Freundeskreis erreicht.

Verkrümmungsdruck und großes Gliederstrecken

Du empfindest in der Gegenwart einen Verkrümmungsdruck, der in den letzten Jahren übermächtig geworden ist. Wo genau? Und warum?

Na zum Beispiel dort, wo ich nur noch mit schlechtem Gewissen einen Coffee to go bestellen, eine Flugreise buchen, ein Feuerwerk betrachten, in ein Dieselfahrzeug einsteigen kann. Wo ich die angeblich richtige Gesinnung auch ständig zu demonstrieren habe – alles haram, alles halal! –, bei passender Gelegenheit auch durch Umbenennen von Straßennamen und Überstreichen von Gedichten im öffentlichen Raum. Oder wenn ich aus Tansania zurückkomme und berichten will, daß man mir dort über die deutsche Kolonialherrschaft, deren Greueltaten ja weidlich dokumentiert sind, verrückterweise nur Positives erzählt hat. Das paßt hier nicht zu unserem Selbstverständnis, kann deshalb auch nicht wahr sein. Also erzähle ich es gar nicht erst.

Aber hat sich das Feld dessen, was man denken und sagen kann, nicht vielmehr geweitet, seit allerhand zwielichtige Gestalten selbst in den Parlamenten meinen, dieses oder jenes werde man doch wohl noch sagen dürfen? Und es auch sagen. Wer übt jenen Verkrümmungsdruck und Haltungszwang auf Dich aus? Was gehen Dich die politisch Korrekten in ihren Safe Spaces an? Leben wir nicht eher in einer Zeit des grossen Gliederstreckens, der gefährlich freien Hände? In einer Zeit der

Haltungsfreiheit? Ich empfinde meinen Spiel- und Rederaum jeden-
falls nicht als prinzipiell bedroht. Dass ich nicht immer alles sage, was
ich womöglich auf den Lippen habe, liegt weniger daran, dass mich ir-
gendjemand – «die Linken», «die Medien», wer auch immer – mund-
tot machen könnte. Sondern daran, dass der Reibungsaufwand und
die Reibungsverluste oft vom befreienden Effekt der Provokation nicht
aufgewogen werden.

Daß die Rechten tatsächlich zentrale Themen des öffentlichen
Gesprächs besetzen, ist Teil meines Ärgers. Mögen sie in der Sache ab und an vielleicht sogar recht haben, die dreiste Art und
Weise, wie sie formulieren, und erst recht die Haltung, die darin zum Ausdruck kommt, ist für mich selbstredend degoutant.
Wie wäre es trotzdem, wenn man sich versuchsweise fragen
würde, ob die Rechten vielleicht manche richtigen Fragen stellen, auch wenn sie sicher die falschen Antworten geben?

Dass in den Fragen der Rechten Urängste hochkochen, die wir als bio-
logische Wesen nicht einfach abstreifen können, liegt auf der Hand –
dass sich Menschen wesentlich durch Abgrenzung des Eigenen vom
Fremden definieren, ebenso. Nur grosse Heilige oder grosse Philanthro-
pen können alle Distanzen, alle Unterscheidung zwischen dem Eigenen
und dem Fremden hinter sich lassen und die ganze Welt umarmen. Wir
anderen sind eifrig darum bemüht, das, was wir sein zu müssen glau-
ben, von dem zu unterscheiden, was wir nicht sein wollen. Und da sind
wir dann geradezu dankbar, wenn wir etwas direkt vor die Nase ge-
setzt bekommen, was so anders ist und wirkt, dass es gar nicht schwer-
fällt zu sagen: Das wollen wir nicht – nicht sein und nicht haben. Und
doppelt dankbar sind wir, wenn dieses Andere selbst offensiv, mitunter
aggressiv daherkommt, so wie manche militanten Formen des Islam.
Da ist dann sehr schnell klar, was man nicht will. Etwa jeden Morgen
um halb fünf von einem Imam geweckt zu werden. Der militante Islam
hilft nicht nur militanten Rechten, sondern auch Aufgeklärt-Säkula-
ren, Klarheit darüber zu bekommen, was sie sein wollen. Wie hätte
Voltaire ohne die verbohrte katholische Kirche werden können, was er
wurde?

Du willst damit sagen, ausgerechnet die Rechten seien die Voltaires unserer Tage, jedenfalls sofern sie sich gegen verbohrte Islamisten richten?

Nein, natürlich nicht, obwohl Voltaire mit seinem «Mahomet» einst dem Islam und allen Offenbarungsreligionen in den Bauch geschaut hat. Was er da gesehen hat, war alles andere als erfreulich. Aber die Frage ist doch: Was kocht man, wenn man die Urängste hochkochen lässt? Etwas Freiheitsdienliches oder etwas, das uns in die Knechtschaft einer Ideologie führt? Ich will die rechten Schreihälse ebenso wenig hören wie die Reich-Gottes-Prediger jedweder Konfession.

Und die seriös kostümierten Vordenker der Rechten, die ganz ungeniert das Ende der Demokratie verkünden, sicher ebensowenig. In dieser ganz grundsätzlichen Ablehnung von Ideologie haben wir vielleicht unsere gemeinsame Ausgangshaltung. Gehen wir aber mal ins Detail, und lassen wir die Rechte einstweilen außen vor. Sie erschien mir über Jahrzehnte eher Relikt als ernstzunehmende Option, vielleicht muß ich erst noch begreifen, wie ich sie *anders* begreifen kann.

Viel Zunder, um sich zu empören, geben die Rechten ja schon, leider weniger Stoff zum Nachdenken. Aber vielleicht hat das rechte Geschrei ja auch ein nicht gering zu schätzendes Dynamisierungspotential: Es könnte eine erlahmte Demokratie wieder auf Touren bringen.

Eine altmodische Haltung der Mitte

Meine Sorge gilt zur Zeit eher der neuen Linken und ihrem unseligen pädagogischen Eros, der sich nicht selten auch gleich in Rede- und Denkverboten auslebt.

Moment mal! Was meinst Du mit der neuen Linken? Ich sehe überall nur Altlinke, nicht selten im freien Fall: SPD, Linkspartei, Autonome …

Eine bestimmte Partei meine ich damit gar nicht! Sondern die »Blase«, die seit einigen Jahren zunehmend die Themen vor- und den Ton angibt – rhetorisch versierte Wohlstandserben, die sich in gewissen Wohnvierteln und Berufen häufen, in den entsprechenden Unterschriftenlisten und Demonstrationen, den dazu passenden Entrüstungen und Belehrungen. Ich meine *meine eigene* Blase, die sich als Vorbote einer postnationalen Weltbürgergesellschaft versteht. Sprich, als aufgeschlossen und weltoffen.

10   *Nennen wir sie also die «Blasenlinke»!*

Gerade weil sie sich mit lauter positiv konnotierten Schlagworten umgibt, denen zunächst mal niemand widersprechen will – von »Solidarität« bis »Deutschland ist bunt« –, vertritt sie ein beinhartes ideologisches Konzept. Habermas hat vor vielen Jahren einmal den Begriff des Linksfaschismus geprägt; soweit muß man nicht gehen, aber die Offenheit, die den linken Diskurs in der späten Bonner Republik kennzeichnete, ist vor ein paar Jahren in einen aggressiven Moralismus umgeschlagen. Er ist de facto fundamentalistisch, also undemokratisch. Auch darin drückt sich eine Haltung aus, und auch sie kann nicht die meine werden.

Aber um welche Haltung ringst Du denn dann?

Um eine Haltung für mich und all die anderen, die bislang nur entsetzt zugehört und geschwiegen haben, während die Haltungsfanatiker von Blasenlinks und Neorechts unsre Gesellschaft in eine Zerreißprobe getrieben haben. Eine altmodische Haltung der Mitte, wenn Du so magst, ein Standpunkt, der den Absurditäten unsrer Debatten mit wohltemperiertem Grimm standhalten kann und immer wieder auch mit schrillem Gelächter. Ein Standpunkt, der sich in einer *neuen* Sprache ausdrückt, in der wir alle wieder unverstellt ehrlich und also substantiell miteinander reden könnten, wenn wir es schon in der alten nicht mehr dürfen. Eine Haltung, die auf den mühevollen Weg des Ausdiskutierens führt, an dessen Ende dann nicht immer ein wechselweises Gutheißen stünde, aber ein Geltenlassen trotz abweichender Ansichten.

Die Mitte zwischen Extremen halten zu wollen, ist ein Weg zur Tugend, den schon die alten Griechen empfahlen. Aber das klingt mir zu wohlfeil, zu sehr nach Politiker-Sonntagsrede. Und sind es denn nicht die Extreme links und rechts, deren Lautwerden Du so anprangerst, die Dir erst erlauben, ein Profil der Mitte zu gewinnen? Sind es denn nicht die unappetitlichen rechten und linken Scharfmacher, die uns zu politischer Positionsbestimmung zwingen? Als ich aufs Gymnasium ging, herrschte in der Schweiz politisch nur ein bleiernes Einerlei. Egal ob bürgerlich, liberal, sozialdemokratisch oder grün: alles eingefangen in der berüchtigten Zauberformel, im ewigen Kompromiss. Aber dann hat eine bäuerlich-bürgerliche Partei sich ganz weit nach rechts gelehnt, populistisch-nationalistische Töne angeschlagen, wollte die Schweiz für die Schweizer zurückerobern. Widerlich, zugegeben. Aber plötzlich hat man wieder angefangen, über Politik zu streiten. Plötzlich wurde es wieder chic, sich in seiner Haltung von der Haltung der anderen zu unterscheiden.

Du hast recht, es sind die Extreme, die mich zurück in die Mitte getrieben haben. In komplizierten Zeiten muß man sich an die einfachsten Lösungen erinnern.

Immerhin!

Der unaufhaltsam weiterwurstelnde Pragmatismus der Merkel-Ära hat auch mich bis 2015 auf eine trübe Weise eingelullt, selbst Gregor Gysi konnte mich mit seiner brillanten Wendehalsrhetorik immer nur kurz aufwecken. Die Flüchtlingskrise hat unser öffentliches Gespräch dann freilich so sehr erschüttert, daß sämtliche Dämme links und rechts des gemeinen Menschenverstands (wie auch des höflichen Umgangs miteinander) gebrochen sind. Man wird das Gefühl nicht los, daß die Politiker diese neue Lage nicht mehr in den Griff bekommen. Das Wort Staatsversagen macht immer häufiger die Runde, erst bezog es sich nur auf den Schutz der Außengrenzen, mittlerweile auf die Geschehnisse in der Mitte unserer Gesellschaft: Man zweifelt an der Effizienz von Justiz und Behörden, an der Einsatzbereitschaft von Bundeswehr und Polizei, an der Sanierbarkeit von Staatsbetrieben wie der Bahn und ... eigentlich an allem, was unserem Zusammenleben bislang auf dezente Weise Struktur und Infrastruktur gegeben hat. Immer wieder verrät mir irgendjemand, daß er zum ersten Mal in diesem Land Angst hat. Angst, daß demnächst »irgendwas ganz Schlimmes« passiert, wenn wir nicht endlich ...

Ja, was denn? Wenn wir nicht endlich selber handeln?

Ich glaube eher: wenn wir uns nicht endlich unsrer eigenen Vernunft erinnern. Wir müssen uns aus dem bequemen Leben herausbegeben und *mehr* werden als Wähler, die alle paar Jahre mit immer verkniffenerem Mundwinkel ihr Kreuzchen machen. Ein gutes erstes Etappenziel für den Ausgang aus der selbstgewählten Unmündigkeit erscheint mir die ominöse Mitte.

Aber haben wir heute nicht zu viel der Mitte, zu viel in der Mitte, von der aus nichts mehr wirklich zu bewegen ist? Ist die Mitte nicht längst ein problematischer Ort geworden, ähnlich problematisch wie ihre Ränder links oder rechts?

Diese Mitte meine ich ja nicht! Sondern eine Art ideologiefreien Raum, in dem frisch und neu denkbar wird, was im linken oder rechten Mainstream zur plakativen Vorzeige- und Mitmachmeinung geronnen ist. Mitte, wie ich sie verstehe, ist dort, wo jeder zu seinem eigenen wilden Potpourri an Meinungen kommen darf, Meinungen, die mal eher konservativ, mal eher links ausfallen können, je nach Sachbezug und Thema.

Da hoffen wir mal, dass diese vielgestaltige, widerspruchsfreudige Mitte kein Wunschtraum und Wunschraum bleibt! Die Mitte als evolutiver, mitunter explosiver Hexenkessel hat manches für sich.

Genau, die Mitte ist für mich dort, wo es keine weltanschaulich homogenen Meinungskonglomerate gibt. Wo sich jeder bei jeder Frage selbst sortieren kann. Wo man seiner eigenen Antworten niemals so selbstherrlich sicher ist, daß man mit Schaum vor dem Mund davon künden könnte.

Aber eine Meinung zu haben, macht doch noch keineswegs eine Hal-
tung – und zu allem eine Meinung zu haben, erst recht nicht. Oft kann
Haltung sogar Meinungsverzicht bedeuten: Wir sollten nicht glauben,
überall und zu allem etwas Stichhaltiges zu sagen zu haben. Haltung
bedeutet wesentlich, dass aus dem, von dem ich glaube, es sei der Fall,
auch etwas folgt – dass ich dadurch ein anderer werde oder in dem
gefestigt werde, was ich schon bin. Haltung ist eine Prägung der Per-
sönlichkeit, die durch neue Einsichten – Meinungen – auch umgeprägt
werden kann.

Gerade deshalb erscheint es mir unabdingbar, erst mal unsre
Meinungen auszutauschen. Um irgendwann auf die dahinter-
stehende Haltung zu kommen – der Begriff Haltung geht einem
zwar locker über die Lippen, die Sache selbst hält sich jedoch
hinter unsrer Haltungs*bekundung* erst mal im Verborgenen.

Aber wir waren in der Mitte stehengeblieben, nämlich dort, wo du sie
siehst.

Noch vor wenigen Jahren hätte ich mir nicht träumen lassen, daß
ich mich einmal für so etwas wie die entspannte Handhabung
des gesunden Menschenverstands stark machen würde, ich hätte es für spießig gehalten. Heute halte ich die Blasenlinke und
ihre absurde Prinzipienreiterei für spießig.

Prinzipienreiterei hältst Du also für spiessig, nun gut. Dann gehört
wohl auch das in der italienischen Gemeinde Luzzara Anfang 2019
in Kraft getretene «Boshaftigkeitsverbot» zum moralischen Spießer-
tum: Dort wird jede Hassrede statt mit Bussgeld oder Gefängnis mit
moralischer Umerziehung geahndet: Die Moraldelinquenten müssen
sich große Kunstwerke anschauen gehen – beispielsweise die Laokoon-
Gruppe –, bedeutende Romane lesen – beispielsweise von Primo Levi –
oder erschütternde Filme besuchen – beispielsweise «Citizen Kane».
Immerhin wird Kunst als moralische Anstalt ernstgenommen, wenn
sonst schon nicht.

Eine freidenkerische Avantgarde findest Du derzeit paradoxer-
weise in der weltanschaulich ungebundenen Mitte – nicht in

der Merkelmitte, wohlgemerkt. Der gesellschaftliche Alltag in Deutschland ist dermaßen aufgewühlt, daß sich vieles verflüchtigt hat oder bereits zur Disposition steht, was bis gestern noch der stabile Rahmen unsres Zusammenlebens war, sogar das Selbstverständliche muß man wieder neu einklagen.

Du willst doch nicht etwa ein politischer Autor werden?

Das wollte ich nie und werde es auch jetzt nicht. Dennoch habe ich mich zuzeiten in Essays und Podiumsdiskussionen zu politischen Themen geäußert; für einen Schriftsteller, der sich auch als soziales Wesen begreift, erschien es mir eine Art Verpflichtung. Tatsächlich hat mich Günter Grass 2005 bedrängt, Wahlkampf für die SPD zu machen, selbstverständlich habe ich mich geweigert. Der angemessene Standort eines Schriftstellers, selbst eines politischen Schriftstellers, ist nach meiner Überzeugung nur *jenseits* der Parteienlandschaft zu finden. Er muß nicht erst Ezra Pound oder Knut Hamsun beschwören, um sich gegen *jedes* ideologische Engagement zu verwahren. Nach 2005 habe ich mich dann sowieso fast ganz aus den Debatten zurückgezogen. Aber die Zeiten haben sich geändert ...

Und jetzt ziehst Du, wie weiland Hemingway in den Spanischen Bürgerkrieg, in Schlachten, um das einst Selbstverständliche neu einzuklagen?

Die Schlachten, die der Schriftsteller heute hier zu führen hätte, laufen nicht auf Abenteurertum hinaus, sondern auf Engagement – auch so ein Wort, das ich früher niemals in den Mund genommen hätte. Selbst wenn Du mich dafür als Sonntagsredner beschimpfst, unter den gegebenen Umständen bin ich für Aufklärung 2.0.

Aufklärung 6.0 oder Wohlige Horror-Abende mit der Tagesschau

Wahrscheinlich müssten wir längst bei Aufklärung 5.0 oder 6.0 ange-
langt sein. Aber es liegt mir fern, Deine Forderung nach aktiver Parti-
zipation als Sonntagsrede zu verunglimpfen. «Staatsversagen» wäre
unser aller Versagen. Ich stimme Dir zu, dass es gegenwärtig und künf-
tig eine andere Form des Engagements braucht, als bloss alle paar Jahre
ein Kreuzchen zu machen. Aber mir scheint Deine Diagnose ein biss- 15
chen kurzatmig: Das verbreitete Unbehagen ist nicht erst wenige Jahre
alt und hat seinen Ausgang auch nicht bei der «Flüchtlingskrise» ge-
nommen – oder wie immer das politisch korrekt heissen mag. Davor
gab es die «Griechenlandkrise» – die angeblich gierigen Hellenen, die
dem deutschen Michel die Butter vom Brot und die Oliven aus dem Sa-
lat klauen wollten. Und davor die «Finanzkrise» mit der sicheren Er-
wartung, dass die Weltwirtschaft binnen Kurzem implodieren würde.
Und davor den 11. September mit der sicheren Erwartung, dass der
Weltbürgerkrieg sehr bald alles in Schutt und Asche legen würde. Und ...

Nun werde *Du* mal nicht kurzatmig! Das waren alles veritable
Krisen, keine Frage, Du könntest auch mit dem Kalten Krieg anfangen und über Tschernobyl und Sarajevo den ganzen Abend
so weitermachen. Vielleicht waren wir einfach nur blind oder zu
sehr mit uns selbst beschäftigt, aber all das hat uns in Deutschland ja immer nur vorübergehend und mittelbar berührt. Jetzt
scheint jedoch etwas ganz grundsätzlich und unübersehbar aus
den Fugen geraten zu sein, nämlich wir selbst. Da können wir
uns nicht länger in Sicherheit wiegen.

Konnten wir das je wirklich? Meine These lautet: All diese Krisen sind
nur Oberflächenphänomene, konjunkturelle Hysterisierungen eines
Publikums, das wenigstens unterhalten sein will – durch Furcht und
Mitleid –, wenn es schon nicht mitspielen darf. Ein bisschen saisonal-
pittoreske Apokalyptik fürs Gemüt und für Horror-Abende vor dem
Fernseher: Läuft gerade kein Splatterfilm, zappen wir eben zur Tages-
schau. Mit etwas Abstand betrachtet sind all diese «Krisen» womög-
lich nicht mehr als ein Kräuseln auf der Oberfläche des Weltgeschichts-

meeres. Was mich interessiert, sind die langfristigen Veränderungen,
und da komme ich zunächst zu einem ähnlichen Befund wie Du auch.
Nämlich dazu, dass sich ein garstig breiter Graben zwischen dem de-
mokratischen Anspruch an alle Bürger und Bürgerinnen ...

Können nicht wenigstens wir bei den klassischen Pluralformen
bleiben?

Also bei den politisch inkorrekten?

Und damit bei den sprachlich korrekten. Übrigens wirst Du mit
der zusätzlichen Endung »-innen« keinesfalls politisch korrekter,
im Gegenteil: Indem Du zwar explizit die Frauen nennst, diskri-
minierst Du alle weiteren denkbaren Geschlechter nur umso
mehr. Wohingegen die herkömmliche Pluralform im Deutschen
seit Jahrhunderten geschlechtsneutral ist; nur Genderbeauf-
tragte wollen im Genus neuerdings auch den Sexus ausgedrückt
sehen, damit sie etwas zu geißeln haben. Die Deutschen gendern,
die Chinesen fliegen unterdessen auf die Rückseite des Mondes
und erobern die Welt.

Die Verschweizerung Europas als Idee und Erscheinung

Meinetwegen. Aber verzetteln wir uns bitte nicht auch im Genderisie-
rungsschwindel. Also, es gibt da einen tiefen Graben, der sich zwischen
den Bürgern, die sich aktiv am politischen Geschehen beteiligen möch-
ten, und der repräsentativ-demokratischen Realität aufgetan hat, die
diese aktive Beteiligung weitgehend unterbindet. Sicher, man darf alle
paar Jahre sein Kreuzchen machen, man darf sich an Bürgerinitiativen
und Demonstrationen beteiligen, aber was man in Deutschland nur
nach Überwindung hoher Hürden darf: politische Sachentscheidungen
selber fällen.

In Hamburg haben sich die Bürger in einem Referendum gegen die Bewerbung der Stadt um die Olympischen Spiele 2024 entschieden, das grämt mich noch heute.

Hätte man diese Entscheidung denn lieber den Berufspolitikern überlassen sollen? Bloss weil die landläufige politische Theorie, behauptet, sie seien die «Volksvertreter», die stellvertretend für uns entscheiden? Genau hier aber liegt das Grundproblem. Es besteht darin, dass die politische Theorie letztlich im 18. Jahrhundert, in der Aufklärung 1.0, stecken geblieben ist. Sie hat sich festgebissen an der Idee der Repräsentation. Sie gründet auf der Annahme, wir seien alle gleichförmig genug, um unsere politischen Interessen zu delegieren – an unsere «Repräsentanten», die dann mindestens eine Legislaturperiode lang so entscheiden, wie das in unserem Sinne wäre. Aber Menschen sind heute längst nicht mehr in erster Linie Angehörige von Ständen, sozialen Klassen und politischen Interessensverbänden. Sie haben sich seit der Aufklärung 1.0 radikal individualisiert und ihre Einstellungen dynamisiert. Entsprechend können sie diese auch nicht mehr über längere Dauer «Repräsentanten» übertragen. Von den Berufspolitikern fühlen sie sich schon kurz nach der Wahl nicht mehr repräsentiert. Was wir brauchen: viel mehr Partizipation, viel weniger Repräsentation. Vielleicht wäre das sogar im Sinne Deiner Avantgarde der Mitte?

Moment, das ging jetzt ein bißchen flott! Daß spätestens mit der Jahrtausendwende das Zeitalter des Turboindividualismus angebrochen ist, läßt sich nicht leugnen; daß jeder sein eigner Repräsentant sei, wird überall gern gehört, vor allem, wenn er irgendeiner Minderheit angehört. Selbstverständlich gehören auch wir beide mancherlei Minderheiten an, beispielsweise derjenigen der Philosophen oder der Schriftsteller.

Oder derjenigen der Männer! Aber Dein «Turboindividualismus» ist eigentlich viel älter, vorletzte oder vorvorletzte Jahrhundertwende mindestens, mühsam gebändigt von Kollektivismen aller Art, Sozialismus, Nationalismus und Faschismus inklusive.

Wir brauchen einen Männerbeauftragten, da hast Du recht.

Oder gleich einen, der sich nur der alten weissen Männer annimmt –
eine Minderheit, deren Diskriminierung heute zum guten Ton gehört.

Was uns beide betrifft, können wir immerhin jeder einen Migrationshintergrund vorweisen – Du als Basler in Baden, ich als Münchner in Hamburg. Aber im Ernst: Wenn Du mehr Partizipation willst, plädierst Du wahrscheinlich gleich dafür, daß jeder sein eigner Frauen-, Männer- oder X-Beauftragter sein sollte – auch gut. Aber nun komm Du hier nicht mit der Urdemokratie, womöglich nach Schweizer Vorbild! Mein Vertrauen in Volksbefragungen ist seit der Abstimmung über den Brexit extrem gesunken, sie wurde ja bekanntlich mithilfe glatter Lügenpropaganda gewonnen – oder vielmehr verloren. Wenn ich an die letzte Präsidentenwahl in USA denke, ist mein Vertrauen ins demokratische System an sich erschüttert. Zwar glaube ich weiterhin an die *Idee* der Demokratie, aber nur noch bedingt an ihre *Erscheinungsformen.* Guck Dich mal unter Deutschlands Nachbarländern um und widersprich mir! Wer hätte je gedacht, daß man die Demokratie mal vor ihren Wählern beschützen muß?

Aber die Brexit- und Trump-Probleme treten doch nur auf, weil das angeblich so dumme und gemeine Volk schon jahrzehntelang in den Ketten des blossen Kreuzchenmachens gehalten wird und nach dem Kreuzchenmachen wieder für lange, lange Zeit den Mund zu halten hat. Lässt man es dann von der Kette los, beisst es jeden, der ihm in die Quere kommt. Befragt man es nach einem halben Menschenleben einmal, was es wirklich will, wird es seiner Frustration freien Lauf lassen und all die angestaute Energie, die es nicht in politisches Handeln kanalisieren konnte, abreagieren. Dann wird es sich nicht um das scheren, worum es in der «Sachvorlage» eigentlich geht, sondern jenen einen Denkzettel zu verpassen trachten, die es in Ketten gehalten haben, egal, ob sie in Westminster oder in Brüssel sitzen. Der einzige Ausweg: Keine Ketten mehr, sondern eine Habitualisierung der Mitbestimmung. Mitbestimmung muss zu Haltung werden!

Auch wer in Ketten gehalten wird, will tanzen, der vielleicht sogar erst recht. Hier grüßt Nietzsche schon zum zweiten Mal. Die Ketten, von denen wir sprechen, sind ja systemischer Natur; gerade wenn sie sich so einladend präsentieren, als wären's gar keine, wollen sie den Bürger nur umso fester ans System binden. Oder an eine parteipolitische Position: Gestern bin ich am Plakat für eine SPD-Veranstaltung vorbeigelaufen, es warb mit dem Slogan »Für Frieden und Verständigung«. Eine Nullbotschaft als Tranquilizer, im Grunde typisch für *jede* Art von Wahlpropaganda, die Simulation einer Haltung. Das Plakat hätte auch schon vor 50 Jahren in Ostberlin hängen können, 1968, als Motto des Einmarsches in Prag. Auch die etwas frischeren Plattitüden funktionieren heute nur mit wesentlich kürzerer Halbwertszeit als früher, die Kreuzchenmacher sehnen sich nach Wahrhaftigkeit, sie wollen nicht durch Sonntagsphrasen eingelullt und dann in den Sachentscheidungen brüskiert werden wie eh und je. Doch zurück zur Haltung als Wähler! Wenn ich Dich recht verstehe, willst Du dem Wähler die Würde wiedergeben, regelmäßig Entscheidungen treffen zu dürfen – und nicht nur Repräsentanten zu wählen, die Entscheidungen dann gar nicht in seinem Sinn umsetzen?

Ganz genau! Jede einigermassen relevante Sachfrage – von der neuen Mehrzweckhalle im Dorf über das Rüstungsbudget und die Sommerzeit bis hin zu EURO-Rettungsschirmen gehört vors Volk, denn sie ist relevant fürs Volk. Wenn es nicht nur gehört wird, sondern entscheiden darf, verflüchtigt sich die Denkzettelmentalität. Ich – als mein eigener Männerbeauftragter, Philosophenbeauftragter, Migrationsbeauftragter, Bürgerbeauftragter – stimme über das ab, worin es in der Sache geht, über die Mehrzweckhalle oder das Rückführungsabkommen. Und Millionen anderer tun es auch. Nix «Volksbefragung», vielmehr Volksentscheide! Die Parlamente – vom Gemeinderat bis zum Europaparlament – haben dann diesen Volkswillen in Gesetze zu giessen, und die Regierungen haben sie zu exekutieren, im Rahmen der Völker- und Menschenrechte. Zugegeben: Das alles funktioniert nur mit Habitualisierung – wenn wir uns daran gewöhnen, regelmässig in der Sache des Gemeinwesens zu entscheiden. Wagen wir also die Verschweizerung des Universums. Europa muss sein wie die Schweiz – oder es wird nicht mehr sein.

Die Verschweizerung Europas, das klingt wie die Fortsetzung von Oswald Wieners »die verbesserung mitteleuropas«. Übrigens ein unlesbarer Roman. Wohingegen mir die Verschweizerung Europas jetzt fast zu süffig daherkommt. Immerhin macht es mir keine schlechte Laune.

Wieso auch?

20 Schlechte Laune beim Lesen von Nachrichten

Seit einigen Jahren machen mir Nachrichten schlechte Laune. Eine Zeitlang dachte ich, es läge an den Nachrichten, und wir würden eben schwerere, aufwühlendere, brisantere Zeiten erleben als noch vor, sagen wir, fünf Jahren. Belege dafür schien es ja fast täglich zu geben. Dann merkte ich, daß ich mit diesen »Belegen« nur in meiner Blase konfrontiert wurde, daß ich in anderen Blasen ganz andere Nachrichten bekam. Aber ich atmete nur kurz durch, denn auch durch diese – immerhin *entgegengesetzt* tendenziösen – Nachrichten bekam ich schlechte Laune. Wo auch immer ich Nachrichten abrief, im Rundfunk oder in der Tageszeitung, auf linksliberalen oder konservativen Plattformen, ich hatte danach verläßlich schlechte Laune. Und wußte noch viel weniger, was ich von all diesen Nachrichten halten sollte, genau genommen: von all den unterschiedlichen Darstellungen ein und derselben Nachricht. Den anderen schien es nicht viel besser zu gehen. Wen immer ich traf, der reagierte fast auf jedes Thema gereizt oder ...

Du weichst aus, Matthias. Was hat das mit der notwendigen Verschweizerung Europas zu tun? Es klingt mir eher wie ein kulturkritisches Allerweltslamento.

Wart's ab! Vor kurzem las ich »Zehn Gründe, warum du deine Social Media Accounts sofort löschen musst« von Jaron Lanier, einem Internetpionier, der sich irgendwann zum großen Warner gemausert hat. Und siehe da, auch er beschreibt, daß die Nachrichten im Verlauf der letzten Jahre immer bedrückender und ärgerlicher wurden, zumindest wenn man sie im Internet abrief. Er weiß jedoch eine Erklärung dafür: Wer Klickzahlen erzielen will, ob aus Geschäftsinteresse oder weil er Wahlen beeinflußen will, muß nur jede Nachricht ins Negative drehen, schon hat er uns auf seiner Plattform – und dann geht's erst richtig los: Denn hat er uns dort erst mal, kann er all unsre Reaktionen protokollieren und auswerten; kommen wir beim nächsten Mal in seinen Feed, bietet er uns eine entsprechend aufbereitete Vorauswahl an Posts an. Wobei es gar nicht mal »er« ist, sondern die Algorithmen, sie können uns mit gewissen Nachrichten regelrecht steuern.

Aber haben das die klassischen Medien nicht immer schon versucht? Bloss nicht ganz so gut gekonnt? Ist der Meinungsjournalismus, der nicht, wie es im Lehrbuch steht, fein säuberlich zwischen Nachricht und Kommentar unterscheidet, sondern die Fakten frisiert, nicht eine uralte Erscheinung? Wie auch das Hausieren mit Horrormeldungen? Wirf mal einen Blick in die «Kreuzzeitung» oder den «Vorwärts» im vermeintlich so biedermeierlichen 19. Jahrhundert – reine Stimmungsmache, egal ob für rechts oder links. Weil die Zeitungsmacher damals längst wussten, was einst der grosse Lukian von Samosata potentiellen Religionsstiftern auf den Lebensweg gegeben hatte: Sie müssten sich zunutze machen, dass der Mensch von zwei Tyrannen beherrscht werde, von der Angst und von der Hoffnung. Oder nimm die Buchbranche: Jüngst wollte ich einem Verlag ein Buchprojekt schmackhaft machen, das unsere Jetztzeitkultur als beste aller bislang möglichen Kulturen behandeln sollte. Abgelehnt, weil viel zu positiv. Die Leser lechzten, sagte mir der Lektor, nach Untergangsszenarien. Und zwar schon immer! So funktionieren Nachrichten nun mal, und in digitalisierter Aufbereitung halt noch ein bisschen raffinierter als die klassische Tageszeitung.

In den großen Nachrichtenmagazinen des NDR höre ich regelmäßig eine Moderatorin, die mich durch die empörte Intonation ihrer Fragen genau spüren läßt, wie ich die Antworten ihrer Gesprächspartner einzuschätzen habe. Und was das Netz betrifft ...

Lanier schreibt, daß wir dort mittlerweile gar nicht mehr selber steuern können, was wir lesen wollen. Und daß wir kaum noch an die Tatsächlichkeiten herankommen, selbstverständlich ohne es zu merken.

Das Netz, das Netz! War da nicht was mit den Tatsächlichkeiten und der sogenannten «Lügenpresse»? Die Rechten haben seinerzeit ja immer wieder behauptet, dass wir gerade nicht im Netz, sondern in unseren angeblich klassischen Leitmedien einseitig über die Flüchtlingskrise informiert und regelrecht gesteuert würden. Mit einem Wort: Sie haben angeprangert, dass die Medien Haltung gezeigt haben.

Das haben die Medien in der Tat, aber um welch hohen Preis! Eine Studie von Uni Leipzig und Hamburg Media School hat die Berichterstattung 2015/16 von FAZ, SZ, WELT usw. ausgewertet und ist zum Ergebnis gekommen, daß unsre Leitmedien damals tatsächlich Informationspflicht mit Instruktion ihrer Rezipienten verwechselten, vielleicht ja immerhin im Sinne Herders: »Praktische sittliche Aufklärung ist gute Volkserziehung.« Ich habe jetzt extra noch mal nachgesehen, in der ZEIT vom 19.7.2017 wird der Leiter der Studie (ein ehemaliger ZEIT-Redakteur) zitiert: »Große Teile der Journalisten haben ihre Berufsrolle verkannt und die aufklärerische Funktion ihrer Medien vernachlässigt.«

Wie jetzt? Haben Aufklärung und Volkserziehung nicht immer schon zusammengehört, nicht nur bei Herder, sondern auch noch bei all den Zöglingen und Zugpferden der Studentenrevolte? Haben denn nicht schon berühmte Aufklärer, namentlich die deutschen von Leibniz über Lessing bis Kant, einschliesslich Herder, die harten Wahrheiten schamhaft verschwiegen – beispielsweise die, dass es keinen Gott gibt? Weil sie ihr Publikum nicht verschrecken, sondern trösten wollten? Und nun beklagt man sich, dass unsere Zeitungen in überbordendem Aufklärungsidealismus Haltung gezeigt haben, anstatt schonungslos aufzudecken ohne Rücksicht auf die eigenen humanistischen Vorurteile?

Sie haben Haltung gezeigt, aber vielleicht gibt es auch ein Zuviel an Haltung. Wie weit darf man gehen, um für die vermeintlich richtige Haltung zu werben? Heiligt der gute Zweck die Mittel?

Und falls man das bejaht: Durfte man jemanden, der auf die problematische Kehrseite der Willkommenskultur hinwies, dann auch gleich als fremdenfeindlich abkanzeln? War oder ist das noch idealistisch oder schon verleumderisch?

Oder so was wie positive Volksverhetzung durch Weglassen? Wie es etwa einem Kollegen widerfuhr, als ihn eine unserer linksliberalen Tageszeitungen um einen Artikel zu 1968 bat, wie er es damals erlebt hatte. Weil er darin jedoch mit der Verbrämung der 68er hart ins Gericht ging, war der Redakteur entsetzt und weigerte sich, den bestellten Artikel zu drucken. Ein Zuviel an Haltung kann unser aller Vertrauen in die mediale Vermittlung von Nachrichten jedenfalls schnell erschüttern.

Blaubeeren, Tannenzapfen, deutscher Alltag

Oh, so etwas habe ich auch schon erlebt, da darf man sich als Verfasser des Textes nicht in eine Opferrolle hineinschmollen. Der Redakteur, der von seiner Chefredaktion zurückgepfiffen wurde – oder gar von einer ihm innewohnenden Selbstzensur –, ist mindestens so sehr Opfer wie derjenige, der den Artikel geschrieben hat. Er wollte Haltung zeigen und durfte es nicht, weil ihm eine andere Haltung vorgeordnet ist, die Haltung seines Blatts oder, im Fall der Selbstzensur, diejenige seiner Zunft. Wohingegen die Haltung dessen, der den Artikel geschrieben hat, ja wohl darin besteht, ihn jetzt erst recht zu veröffentlichen, an anderem Ort. Denn wenn wir nicht mehr an die mediale Vermittlung von Wahrheit glauben und dafür kämpfen, glauben wir auch nicht mehr an die Demokratie. Leider wird dieser Glauben in unregelmäßigen Abständen immer weiter erschüttert, Stichwort Claas Relotius, der für seine Reportagen Szenen und Figuren glatt erfand. Oder Robert Menasse, der für seine Europa-Essays und -Reden passende Zitate des einstigen Europa-Politikers Walter Hallstein erfand.

*Und dies dann lapidar mit «Was kümmert mich das Wörtliche» recht-
fertigte, als Dichter dürfe er das.*

Im Roman darf man das, keine Frage! Auch ich habe mir historische Ereignisse so zusammengepuzzelt, beispielsweise im
»Weiberroman«, bis sie den optimalen Rahmen für meinen Plot
ergaben. Wechseln wir als Schriftsteller die Textsorte, wechseln
wir freilich auch die Haltung: Wo wir in fiktionaler Prosa auf
Phantasie setzen dürfen, müssen wir im politischen Essay bei
den Fakten bleiben, wenn wir unseren »Plot« – den Fortgang der
Argumentation – unterfüttern wollen. Was im Bereich des Fik-
tionalen bereits von Schiller als »ästhetische Wahrheit« gegenüber der »historischen Wahrheit« gerechtfertigt wurde, ist im Bereich des Faktischen ganz schnell Teil des politischen Diskurses.

*Und schon werden alternative Wahrheiten als Wahrheiten verbreitet.
Aber vielleicht sollten wir den politischen Nutzen solcher alternativen
Fakten für die Demokratie nicht einfach geringschätzen: Sie dynami-
sieren die Diskurse. Wer würde behaupten wollen, dass beispielsweise
Perikles ein eingefleischter Wahr-Sager gewesen ist? Es wäre jedenfalls des Nachdenkens wert, wie weit gerade die Demokratie der Schön-
färberei, der Fälschung bedarf.*

Tatsächlich habe ich festgestellt, daß ich mittlerweile nur noch
demjenigen Glauben schenke, der beispielsweise von einer Reise
heimkehrt und mir erzählt, was er vor Ort gesehen hat, im Rahmen einer intensiven Auseinandersetzung über einen längeren
Zeitraum hinweg. Heutzutage, da es immer weniger Auslands-
korrespondenten gibt, der gute alte Lokalreporter bereits ausge-
storben scheint – und es stattdessen überall auf der Welt immer
mehr *selbsternannte* Lokalreporter gibt, die mit ihren Handy-
videos und Blogeinträgen die »offiziellen« Nachrichten konterkarieren, und das auch noch in Echtzeit –, muß man wieder selber anfangen mit der Informationsbeschaffung.

*Der freie Bürger als freier Selbst-Informant, warum nicht? Die Vielfalt
der Quellen, an denen er sich laben kann, ist jedenfalls atemberaubend.
Ebenso wie die Deutungsvarianten. Als 2018 Chemnitz in Aufruhr war,*

las man von einer «Hetzjagd» des «Mobs» auf ausländisch aussehende Passanten, während der sächsische Ministerpräsident wissen liess, es habe «keinen Mob» gegeben, und der Bundesverfassungsschutzpräsident meinte, von «Hetzjagden» könne nicht die Rede sein. Wer definiert, was ein «Mob» ist und was eine «Hetzjagd»?

Bezeichnenderweise hat Frau Merkel höchstselbst die Verwirrung über die Berichterstattung und die damit verbundene Beurteilung zum »semantischen Problem« heruntermendeln wollen. Dennoch musste der Verfassungsschutzpräsident am Ende den Hut nehmen. Und nun verrate Du mir mal, wie wir in dieser Ausgangslage – in der es immer häufiger zu einer Nachricht sogleich Gegennachrichten im Netz gibt, ohne daß wir Seriosität und Glaubwürdigkeit der Quellen abschätzen können – nun verrate mir mal, wie deine Schweizer Basisdemokratie da noch zu vernünftigen Sachentscheidungen kommen kann! Ich wünsche es mir, aber ich bezweifle es.

So schlecht und einseitig der Einzelne informiert sein mag, so sehr gleicht sich die Einseitigkeit der Information wieder aus, wenn man aufs gesamte Stimmvolk schaut: Viele verschiedenartige Einseitigkeiten machen in der Summe Vielseitigkeit unausweichlich. Im Grunde geht es bei der Ausbeutbarkeit von Schreckensmeldungen aber um Evolutionsbiologie. Wer Angstzustände überwindet, egal, ob sie einen realen Grund haben oder beispielsweise durch Filme, Romane oder eben auch Social Media-Foren künstlich erzeugt sind, bekommt von seinem Gehirn unverzüglich Wohlfühlhormone zur Belohnung serviert, mit erheblichem Suchtpotential. Angstlust ist die Droge, auf die Angehörige unserer Spezies abfahren, so dass sie eine friedliche, harmonische Welt, in der alles zum Besten steht, eigentlich gar nicht wollen. Bekommen wir eine solche Welt – wie grosso modo gegenwärtig –, müssen wir den Schrecken eben auslagern ins Kino, in die Literatur, ins Internet.

Verstehe ich Dich richtig, daß Du unsre gegenwärtige Welt als eine mit Abstrichen friedliche und harmonische empfindest? Dann würde ich Dich sehr darum beneiden, daß Du Dein Urteil dem Schwarzwald ablauschen darfst, Deinem idyllischen Wohnort, und dort das geruhsame Sammeln von Blaubeeren und Tannenzapfen als »deutschen Alltag« erlebst. Mein Neid wäre echt, denn mir gelingt das ganz und gar nicht, auch nicht in der deutschen Provinz.

Durchaus, Du verstehst mich recht, auch wenn sich die Heidelbeeren in unserer Gegend rar machen. Das mit der kulturellen Affekt-Auslagerung hat übrigens, ganz ohne Evolutionsbiologie, schon Aristoteles verstanden, als er darüber nachdachte, welchen Zweck die Tragödie erfüllen soll: nämlich von den negativen Affekten zu reinigen, indem man sie als mitgerissener Zuschauer im Raum des Fiktiven auslebt. Und woher diese Angstlust? Weil wir als einst allseits bedrohte Wesen auf freier Wildbahn gut daran taten, hinter jedem Busch einen Säbelzahntiger zu vermuten.

Was alles meine Frage mit keinem Wort beantwortet, wie denn angstgetriebene Wesen zu vernünftigen Sachentscheidungen kommen sollten und dann auch noch zu Volksabstimmungen, die darauf basieren. Folgt man Deiner Version von Evolutionsbiologie, wären wir Menschen als Angstwesen zu jedem reflektierten politischen Handeln unfähig, getrieben allein von Affekten, die zu keinem Zeitpunkt übers eigene Wohl und Wehe hinausweisen – in eine tatsächliche *Gemeinschaft* mit Unsresgleichen. Mit einem Wort: Wir wären vor lauter Anpassung an momentane Gegebenheiten zu keiner eigenen Haltung fähig.

Geduld, Matthias! Gewiss: Negativität schafft Aufmerksamkeit. Der «negativity bias», also die menschliche Neigung, das Negative eher wahrzunehmen als das Positive, ist auch bei politischen Entscheidungen ein wesentlicher Faktor. Aber nicht der einzige. Erstens wollen wir nicht Angst, sondern Angstüberwindung, also Lustgewinn aus Angst, die sich auflöst. Zweitens zwingt uns die Angst zu nichts. Sie gibt dem Raum unserer Entscheidungen aber eine bestimmte Tönung, eine Färbung. Sie macht uns vorsichtig und dämpft unsere Neigung, frisch und gedankenlos vorzupreschen, um sogleich unters Rad zu kommen. Den «negativity bias» machen sich – und zwar immer schon – all diejenigen zunutze, die uns politisch in eine ihnen genehme Richtung bugsieren wollen. Egal, ob sie uns Angst einjagen vor der «Überfremdung» oder der «Klimakatastrophe». Die so erzeugte Angst vernichtet jedoch keineswegs die politische Vernunft, sondern temperiert sie bloss. Denn wäre das Stimmvolk von Angst gelähmt, würde es stets mit der schlimmstmöglichen Wendung der Dinge rechnen – was, wie manche Öko-Ethiker meinen, vielleicht sogar moralisch geboten sein könnte. Das Stimmvolk tut es aber offensichtlich nicht.

Wirklich nicht? Ich treffe laufend Leute, die es tun.

Nein! Die Masse tut es nicht: Weder haben, an der Schweizer Urne, jene Vorlagen eine reelle Chance, die aus Angst vor der «Klimakatastrophe» den völligen Verzicht und die Rückkehr in eine vorindustrielle Welt verlangen, noch diejenigen, die aus Angst vor «Überfremdung» eine radikale Abschottungspraxis propagieren. Ist aber ein bisschen Angst, ein bisschen schlechte Laune nicht die beste Voraussetzung für massvolle Politik? Bekämen wir ständig die Jubel-Trubel-Eierkuchen-Nachrichten serviert, die Du Dir womöglich wünschst, würden wir die Hände in den Schoss legen und vom nächstbesten Säbelzahntiger verputzt werden. Eine gewisse negative Grundstimmung ist konstitutiv für politisches Handeln. Deswegen sprechen wir ja jetzt über Politik. Aber wollten wir nicht über Haltung reden?

Das wollen wir. Nur schnell dies noch: Ich habe nichts gegen schlechte Nachrichten, und wenn sie einen kathartischen Effekt auf uns ausüben und uns zu Wachsamkeit und Maß anleiten, umso besser. Dazu ein bißchen Polemik und Manipulation wie eh und je, geschenkt! Aber gegen Nachrichten, die für eine Nachrichtensendung – wir reden hier ja von der »Grundversorgung« mit Basiswissen, aus der sich pointierte bis reißerische Darstellungen dann meinetwegen ableiten können –, also Nachrichten, die bewußt so ausgewählt und aufbereitet werden, daß sie uns Angst einjagen, weil damit ein Geschäftsmodell betrieben wird, also Nachrichten, die unsre Weltwahrnehmung aus Interesse an Einschaltquoten beziehungsweise Klickzahlen oder als Teil einer hybriden Kriegsführung steuern und, sofern wir's nicht durchschauen und mit anderen Informationsquellen gegensteuern, langfristig mehr und mehr verzerren, gegen die habe ich entschieden etwas. – Aber bitte, Ursus, gib uns Haltung. Wir buchen Dein Schweizer Modell der Urdemokratie als Ideal einer aufgeklärten Gesellschaft, doch auch die Zweifel daran. Vielleicht haben wir in Deutschland den Zeitpunkt bereits verpaßt, um uns langsam darin einzuüben.

Haltungswiderstand und
28 ## Widerstandshaltung

Etwas Großartiges an der Demokratie ist, dass man jederzeit mit ihr anfangen kann. Egal, ob die Beteiligten wohl- oder nur halbinformiert sind. Denn haben wir nicht auch ein Recht, uns aller Aufklärung zu verweigern, die Kopernikanische und die Darwinische Wende zu leugnen und uns selbst in den Mittelpunkt des Universums zu setzen, die Welt als unsere Vorstellung, als unser Wahn? Aber nein, im Ernst: als Haltungslehrer tauge ich nicht viel, weil ich nicht recht glauben kann, dass Haltung lehrbar ist.

Lehrbar nicht, aber erlernbar. Haltung finden, seine *eigene* Haltung zur Welt finden, ist das nicht die kürzestmögliche Zusammenfassung dessen, was den Menschen ausmacht? Was uns als neu- und wißbegierige Wesen hinaustreibt aus unsrer beschränkten Alltäglichkeit, was uns mit Glück und Hilfe vieler Niederlagen zum Selbstdenker machen und am Ende vielleicht sogar zur Weisheit führen kann? Gewiß lernen wir Haltung auch voneinander, zum Beispiel von Dir, indem Du uns als Philosoph ein Beispiel gibst, ein Beispiel vorlebst.

Der Philosoph als Hungerkünstler des Haltungsideals ist eine verlockende Rolle, mit der ich vielleicht sogar wieder das Leistungsniveau jener berühmten Vorgänger erreichen könnte, die nicht nur als Welttotaldeuter Schule machten, sondern jedem auch ungefragt einbläuten, wie er zu leben habe. Aber ich fürchte, daraus wird für meinen Teil nichts. Die Schwundstufe des Philosophen als Guru kann man heute in Talkshows bestaunen: Sie treten dort bevorzugt als «Normative Ethi-

ker» auf und erklären uns, was das gute Leben sei – und vor allem, wie wir das böse Leben vermeiden können.

Nicht vielmehr das *schlechte* Leben?

Das böse Leben, das moralisch verwerfliche, nicht etwa nur das schlechte, missglückte. So sehr mich die Rolle des Haltungsidealisten verlockt, so sehr schreckt mich doch die Fallhöhe hinab ins Grotesk-Komische. Bekanntlich ist schon der allererste meiner Zunft, Thales von Milet, in einen Brunnen gefallen, als er nach den Sternen Ausschau hielt.

Ein seriöser Abgang. Andre stellen ihre Sandalen noch nicht mal ordentlich nebeneinander ab und, wie Empedokles, springen mit Fleiß in den Krater. Im Ernst: Risiken muss man eingehen, wenn man Haltung gewinnen oder demonstrieren will, und manchmal bezahlt man dafür mit dem Leben. Haltung bedeutet unvermeidlich Konflikt – auch mit den Haltungen der anderen. Der Soziobiologe Richard Dawkins würde in einer Haltung wahrscheinlich nichts weiter als ein Mem sehen, eine kleinste geistige Einheit, die beständig im Wettstreit mit anderen Haltungen steht, also anderen Memen.

Haltung als Kampfgeschehen – als etwas Errungenes und stets neu zu Erringendes. Ein bisschen Heroismus darf der Haltung schon anhaften – ein bisschen Schmalspurdarwinismus natürlich auch.

Aber, verdammt, wir wollen ja nicht dauernd dem Schmalspurdarwinismus applaudieren und uns nur immer besser und besser an die Verhältnisse anpassen, wir sind doch moralische Wesen, die an einem Mangel an Würde zugrundegehen können! Ist Würde vielleicht sogar die Art und Weise, wie die Haltung eines Menschen in Erscheinung tritt, als sichtbare Außenhaut seiner innersten Überzeugungen? Jedenfalls wenn diese stark und dauerhaft genug sind, um menschlichen Gesichtszügen ihren Stempel aufzudrücken. Nun bekenne auch Du Dich bitte endlich mal zu irgendeiner Haltung!

Also gut. Wie wäre es, probehalber, mit einer Haltung des radikalen Abstand-Gewinnens? Mit einem Sich-Ausklinken aus dem, was die Gegenwart so unerbittlich fordert, nämlich Beteiligung, Vernetzung, Anteilnahme, Interesse für alles und jedes? Konkret also: Nachrichtenaskese. TV aus, PC aus, Handy aus. Keine News mehr, die ohnehin belanglos oder frisiert sind und unser Leben nicht besser machen. Daraus folgt: Aufmerksamkeitsaskese. Sich nur noch mit den Dingen beschäftigen, die einer Beschäftigung wert sind. Nicht mehr alles Mögliche machen, bloss, weil es möglich ist. Sondern nur noch das, was mir nottut. Schliesslich: Denkaskese. Den Kopf frei bekommen für das, über das sich nachzudenken lohnt. Alles in Allem: Abstand als Mittel, seine Haltung zu formen.

Genau das habe ich die letzten Jahre gemacht, ich habe mich aus den öffentlichen Debatten ausgeklinkt, habe mich ins Schweigen eingeübt, auch wenn's mir schwerfiel. Eine Art innere Emigration wie –

Wie Gottfried Benn während der NS-Zeit?

Eher wie Erich Kästner, ab und zu habe ich mich ja immerhin gegen den herrschenden Zeitgeist zu Wort gemeldet. Also Abstand als Mittel, um eine Haltung zu finden, da stimme ich Dir gern zu – aber nur als Interimshaltung. Irgendwann hat es genug in einem gegärt, dann will es auch raus, will man eine *neue* Haltung zur Welt einnehmen, die man bis eben schweigend ertragen hat. Auch diese neue Haltung ist keinesfalls endgültig, kann sich wieder und wieder ändern – »nur wer sich wandelt, bleibt mit mir verwandt«.

So verkündet es der Nachgesang zu «Jenseits von Gut und Böse», adressiert an Freunde, die sich nicht zu wandeln vermochten. Nietzsche, der Wandlungsvirtuose und Haltungsexperimentator, hat es diesen Freunden freilich nie leichtgemacht.

Und doch müssen wir mit dieser neu gewonnenen Interimshaltung dann auch erst mal rauskommen, einen neuen Standpunkt einnehmen. Vielleicht ist das sogar die Pflicht eines überzeugten

Demokraten? Gewiß ist es das, was noch vor jeder Schweizer Urdemokratie kommt: das sichtbare Markieren einer Position, von
der aus die demokratische Debatte mit anderen erst geführt werden kann. Der Mensch will doch Anteil nehmen an der Gesellschaft, er will reden und gehört werden – etwas weniger gern zu-
hören –, oder?

*Ich nicht unbedingt. Obwohl ich es, zugegeben, permanent tue. Und
der Philosoph als Welt- und Resonanzverweigerer vielleicht nur eine
schöne Chimäre ist.*

Intellektuelle als Problematisierungs-
künstler

Ist es nicht auch für Dich höchste Zeit, sich aktiv in unser öffentliches Gespräch einzumischen? Wann, wenn nicht jetzt, sollten
wir Haltung auch zeigen? In Wort *und* Tat, also auch dort, wo sie
im Alltag mit robusteren Mitteln zu vertreten ist.

Auch noch mit robusteren Mitteln?

Also ohne Scheu davor, diese unsre Haltung verbal und zur Not
auch nonverbal zu verteidigen – zum Beispiel wenn Schwächere
politisch korrekt gemaßregelt werden oder, im anderen Extrem,
rassistisch bepöbelt. Der Klügere, wenn er denn Mut hat, gibt
nicht immer gleich nach und damit seine Haltung preis.

*Oh, oh, jetzt scheuchst Du einen Buckelturner wie mich in Konfronta-
tionen, die ich nicht gewinnen kann. Aber Du hast mich natürlich ent-
tarnt: Ich glaube auch nicht an den Philosophen als Weltverweigerer,
so gerne ich es mir gelegentlich ausmale, wie schön diese Laufbahn
wäre. Sobald ich wieder frei durchatme, kommt mir prompt ein Ge-
genbild in den Sinn: der Philosoph als* agent provocateur, *der Schriftsteller als Problematisierungskünstler.*

Diese Kurve hast Du ja zügig genommen, vom einen Extrem zum anderen in zwei Sätzen, Hut ab. Ich ahne schon, worauf Du hinauswillst: Auf die Randständigkeit des – sagen wir doch mal ganz allgemein – des Intellektuellen. Ein Topos der Moderne, als höchstes Lob vergeben an Quer- und Vor- und mitunter auch Schwachdenker aller Art. Als ob der Rand der einzige Ort wäre, von dem aus ein Mainstream kritisierbar ist.

Diesen Mainstream braucht selbst der Intellektuelle – oder wie immer wir die Spezies halbseidener, halbleinener Intelligenz nennen wollen –, also derjenige, der das Unterste zuoberst, das Oberste zuunterst kehrt. Am verachtungswürdigen Mainstream gewinnt er seine Lebenslust. Wo immer er steht, meinetwegen auch am Rand der Gesellschaft. Nicht, weil er besser Bescheid wüsste als die anderen. Sondern weil er es gerade nicht weiss und sich fragt, warum die anderen wissen können, was sie zu wissen vorgeben.

Stellt man sich dazu ins Seitenaus, wird einem sogleich Randständigkeit angedichtet, eine Art Ritterschlag für Intellektuelle – da liegt in Deutschland Genieverdacht in der Luft!

Mir scheint, dass diese Rolle noch immer nachgefragt ist, dass man sie gerne hören und sehen möchte.

Zumindest im linken Blasenkiez ist das Randständige inzwischen oft selber ganz schön stromlinienförmig. Die simpelste Methode ist, Randständigkeit als Widerständigkeit zu demonstrieren: Man lehnt als rückständig und reaktionär ab, was war und ist – zum Beispiel den Begriff der Nation, der automatisch nationalistisches Gedankengut befördere und heute höchstens noch im Sinne einer Wertegemeinschaft Verwendung finden könne; oder die Unterscheidung zwischen Mann und Frau, die biologische Tatsachen suggeriere, wo es in Wirklichkeit nur um soziale Konstrukte gehe; oder den Begriff der Rasse, der bereits rassistisch sei, weil es menschliche Rassen gar nicht gebe –, um sich im Gegenzug für eine offene Gesellschaft, offene Grenzen, offene Beziehungen und auch gleich für ein Internet ohne Schutz von Urheberrechten, garantiertes Grundeinkommen und vegane

Schulkost auszusprechen. Nun ja, Diskussionsalltag im Blasen-kiez. Ehrlich gesagt, diese Art der »kritischen Intellektualität« ist die egoistischste Form des Mainstreams, die ich in meinem Leben bislang erlebt habe.

Und doch gibt es durchaus ein Bedürfnis nach dem Intellektuellen als Ruhestörer, als Praktiker des zivilen Ungehorsams, der sich jedem Winter- und jedem Sommerschlaf verweigert. Und weil man ihn in Deutschland nicht findet, verfällt man darauf, sich im Ausland, beson-ders gern in Frankreich, danach umzusehen und spürt ihn – mit dem *sehr deutschen Bedürfnis, auch noch im Ungehorsam politisch kor-rekt zu sein – zum Beispiel in Didier Eribon auf, einem Soziologen, der in seinem Bestseller «Rückkehr nach Reims» rührend altmodisch-altmarxistische Klassenkampfphantasien zu Protokoll gegeben hat: Die Linke habe vergessen, die Ausbeutung zu geißeln und die Klas-seninteressen der Arbeiterschaft zu vertreten, weshalb letztere nun die Beute der Rechten geworden sei. Eribon: Was für ein wunderbares Totemtier für die deutsche Intelligenzija, die nichts dringender braucht als Totemtiere. Als ob ausgerechnet «Klassen» uns Individuen reprä-sentieren könnten!*

Schon klar, hier spricht der Schweizer Basisdemokrat. Wenn ich Dich recht verstehe, hat der Vorzeigeintellektuelle die Rolle des *agent provocateur*, als solcher wird er von der Gesellschaft ge-braucht. Du weißt, daß zum Beispiel bei kritischen Projekten vom Bauträger eine Phase des Bürgerprotests oft schon in die Bauplanung einbezogen wird? Indem man das Bauprojekt, zum Beispiel am Rand eines Naturschutzgebiets, der Öffentlichkeit erst einmal in weit größerer Dimension vorstellt als geplant; in-dem man den Protest nicht selten sogar befördert, in Ruhe aus-sitzt und dann, in die abflauende Protestwelle hinein, Entgegen-kommen signalisiert und eine leicht reduzierte Fassung des Pro-jekts präsentiert – nämlich die von Anfang an geplante. Die einen dürfen Haltung zeigen, die anderen geben ihnen Zucker und zie-hen ihr Ding durch. Ich fürchte, sie haben am Ende *mehr* Hal-tung bewiesen, auch wenn es keine ist, die wir als ehrenwert oder gar sympathisch empfinden. Ist der Intellektuelle damit nichts weiter als eine Marionette, eine ehrenwerte Vorzeigemarionette, deren voraussichtliches Einknicken man im Rahmen eines Terminplans einigermaßen berechnen kann, während ganz andre die Strippen ziehen?

Sicher, Instrumentalisierungen lauern überall, nicht nur bei Bauvorhaben am Rande von Naturschutzgebieten. Allerdings ist es ja keineswegs so, dass sich stets die Interessen der Kapitalbesitzer durchsetzen. Siehe das Gegenbeispiel der Deutschen Umwelthilfe, die Diesel-Pkw-Verbote in deutschen Innenstädten gegen die Interessen von Autobauern und -besitzern durchzusetzen vermag. Die Interessenlagen und Machtverteilungen scheinen mir viel komplizierter als es das Schema von den bösen Kapitalisten und dem armen, aber guten Rest der Menschheit nahelegt. Dass Intellektuelle selbst nicht das unparteiische Menschheitsgewissen verkörpern, liegt wiederum auf der Hand. Und doch stelle ich mir den idealtypischen Intellektuellen als einen vor, dem alles Gegenstand, Reflexionsmedium werden kann. Der überall Anhalt zum Denken und Schreiben findet – und dessen schräger Blick vielleicht nicht alles, aber manches verändert – der also auch ein bisschen etwas baut.

Zumindest wenn es um geistige Bauvorhaben geht, den langfristigen Umbau von Gesellschaft, Kultur, Weltwahrnehmung. Damit kämen wir doch noch zu einer positiven Interpretation des Intellektuellen?

In der Tat! Zum Intellektuellen als Haltungsvirtuosen einer besonderen Art des zivilen Ungehorsams, sehr zivil und unzivilisiert, unangepasst zugleich. Der Intellektuelle nicht als Zivilisationsliterat, vielmehr als Zivilisationsverweigerungsliterat. Der sich jedenfalls einer Zivilisation blosser Anpassung verweigert. Anders gesagt: Wo die Zivilisationsverweigerungsliteraten sind, ist Leitkultur.

Oha, Leitkultur! Nämlich eine Art Antileitkultur. Sag mal, Du willst Dich doch jetzt nicht etwa als Zivilisationsverweigerungsliterat oder meinetwegen -philosoph zu erkennen geben?

Vielleicht ja doch! Jedenfalls nicht als Leitkulturhammel.

Ich bin kein Fan der Leitkultur, aber, das ahne ich bereits, auch keiner der Antileitkultur. Es ist schwer, darüber zu reden, weil der Begriff so einseitig konservativ besetzt wurde. Können wir uns darauf einigen, daß wir »Leitkultur« nicht im Sinne einer bestimmten Partei verstehen?

Sondern im Sinne eines gesellschaftlichen Minimalkonsenses, über Jahrhunderte gewachsen, eines Bündels an Werten, Verhaltensnormen, Hoffnungen, das sich im Kern nur langsam verändert? Ja, das können wir.

Interessant, daß Du hier moralische Werte anführst, aber keine kulturellen, die doch Referenz- und Höhepunkte einer jeden gewachsenen Gesellschaft sind.

Tue ich das? Ist Kultur nicht einfach die Summe des dem Menschen Möglichen, schlechterdings alles, womit Menschen sich in der Welt möglich machen? Und Moral wäre da nur ein kleiner Teilbereich, auf den ich auch Leitkultur nicht reduziert sehen möchte.

Dann reden wir mal darüber. Und damit auch sofort über zivilen Ungehorsam, der als neue Antileitkultur gerade Hochkonjunktur hat, ob als zunehmende Respektlosigkeit gegenüber Notärzten an Unfallstellen oder beim eigenmächtigen Einsammeln von Flüchtlingen auf dem Mittelmeer, den mühsam ausgehandelten Absichtserklärungen auf europäischer Ebene zum Trotz. Früher war das, was von einer Regierung – oder von mehreren – beschlossen wurde, auch das, was dann umgesetzt wurde. Keiner wäre auf die Idee gekommen, es auf eigne Faust zu korrigieren oder gar zu verhindern. Heute ist nicht mal das Wort einer Bundeskanzlerin mehr verbindlich – wo ich bin, da ist Leitkultur! Vielmehr Antileitkultur! Und ansonsten »soll doch jeder so machen, wie er will, alles gut«.

Womöglich waren die Zeiten auch nicht so grossartig, als das Wort von Kaiser und Kanzler – von anderen nicht zu reden – noch ehernes Gesetz war. Obrigkeitsstaatsnostalgie wirst Du, Matthias, doch wohl nicht ausbrüten wollen? Es könnte ja durchaus als Zeichen leitkul-

turellen Fortschritts gelten, dass der Staat, sein Wollen und sein Verlangen, nicht mehr das Mass aller Dinge ist. *Wie viele Kämpfe waren nötig, um den Staat, dieses kälteste aller kalten Ungeheuer, in Schranken zu weisen! Kreidest Du es nun den Couragierten an, dass sie die Staatsräson nicht für die oberste Maxime halten?*

Mit Verlaub, Etatist bin ich nicht! Aber ebensowenig Partikularist. Dein Rekurs aufs Deutsche Reich ist reine Polemik, wir erleben derzeit ja nicht gerade das Erstarken eines Nationalstaats, sondern eher dessen Gegenteil. Willst Du's positiv sehen, sprichst Du von der Emanzipation einer liberalpazifistischen Zivilgesellschaft. Willst Du's negativ sehen, erzählst Du mir von Polizisten, Feuerwehrleuten, Sanitätern, die bei ihren Einsätzen von Schaulustigen beschimpft und verprügelt werden. Bist Du Dir sicher, daß eine Zivilgesellschaft dem einzelnen ein besseres Leben ermöglicht als eine utilitaristische Gesellschaft, die das größte Glück der größten Zahl ermöglichen will? Also nicht nur die größtmögliche Summe an Individualglück?

Den Gegensatz verstehe ich nicht recht: Das Problem ist doch wohl eher, dass ein Staat die Möglichkeiten des Einzelnen beschränkt, weil seine Repräsentanten ihn für einen Selbstzweck halten. Gerade an der verminderten Stellung des Staates in der allgemeinen Wertschätzung lässt sich prächtig demonstrieren, wie sich Leitkultur langsam, aber stetig verändert. Und zwar, wie ich meine, zu ihrem Besseren. Diese Leitkultur, die so anders ist als zu Zeiten des Kaisers und des Eisernen Kanzlers, ist gerade eine, die Wertepluralität zulässt, die den Wertewiderstreit als etwas Nützliches, Klärendes begreift. Zugegeben, das ist meine Leitkultur – die, die ich gerne hätte.

Aber wir reden nicht von Bismarck, wir reden über Hier und Jetzt! Im Vergleich zu einer Zeit, die gerade eben erst zu Ende gegangen ist, irgendwann zwischen dem 11. September 2001 und dem Sommer 2015.

Glück und das neoliberale Recht
auf Unglück

*Es wäre eine Leitkultur, deren oberster Wert es ist, möglichst vielen
möglichst viele Möglichkeiten zu eröffnen, und da –*

Oder möglichst vielen möglichst viel Glück? Mir scheint, wir
sind gerade im Hochsicherheitstrakt unsres Themas angekommen.

*Lass mir die Utilitaristen aus dem Spiel! Fürs Glück des andern ist nie-
mand zuständig ausser dieser andere selbst, am allerwenigsten der
Staat. Also noch mal: Wir sind auf gutem Wege zu einer Leitkultur,
die möglichst vielen möglichst viele Möglichkeiten eröffnet: Nie war
in einer Kultur mehr möglich als in der unseren. Mit allen Schatten-
seiten: Die Möglichkeiten machen das Unglück ebenso wahrscheinlich
wie das Glück. Worauf ich aber hinauswill: Die Leitkultur der Möglichkeitspluralität bezieht den zivilen Ungehorsam als eine ihrer Möglichkeiten ein. Wobei die Betonung auf «zivil» liegt: Der Ungehorsam
darf niemanden gewaltsam an seinen Möglichkeiten hindern. Und
das Einbeziehen der Möglichkeit zivilen Ungehorsams bedeutet nicht,
dass dieser Ungehorsam straffrei wäre. Wer diese Möglichkeit ergreift,
muss damit rechnen, belangt zu werden. Man kann zivilen Ungehorsam moralisch billigen und ihn doch strafrechtlich verurteilen.*

Im Prinzip gebe ich Dir hier recht, auch wenn ich befürchte, daß
Du gerade ein bißchen neoliberal rübergekommen bist. Ich bin
selber keiner, der nach Mitternacht gern vor roten Fußgänger-
ampeln wartet, wenn ich's mal bei dieser Andeutung belassen
darf. Im Gegenteil, gelegentliche Grenzüberschreitung hält den
Geist flexibel, nicht zuletzt konterkariert sie das Bild vom ord-
nungshörigen Deutschen, über den im Ausland gern gelacht
wird. In Sachen Eigenmächtigkeit, Unbotmäßigkeit, Regelver-
stoß haben wir ab der 68er-Generation kräftig dazugelernt – *das*
ist unsre neue Leitkultur, jedenfalls, wenn sich »progressive«
Kräfte zu erkennen geben.

Deine 68er-Reverenz mal ausgeklammert – Du bist doch ein 78er und weisst überdies, dass die Avantgarden der vorvorigen Jahrhundertwende und der Weimarer Republik viel aufmüpfiger waren als die maoistisch-marxistischen Spiesser von 1968. Vielleicht waren ja auch schon diese vorvorigen Avantgarden «neoliberal»: freie Fahrt für freies Denken. Aber das Problem ist doch: Auch die Rechten operieren vorzugsweise mit Regelverstössen, es ist auch ein Erkennungszeichen reaktionärer Kräfte.

Bonuspunkte für Herdentiere

Also zurück zu den Linken, den Vertretern der linken Blase, die ihrem Tun zwar mit der Etikettierung als »empathisch«, »lustvoll« oder »spielerisch« ein geschicktes Framing durch positive Begriffe verpaßt haben, damit aber, wie gesagt, ein beinhart ideologisches Projekt durchziehen. Vielleicht kommen wir auf die sprachliche Verschleierung später zu sprechen, im Moment geht es uns ja um die Sache dahinter, um den ideologisch gerechtfertigten, den politisch korrekten Ungehorsam. Er macht uns Deutsche nur scheinbar sympathisch, schließlich eifern wir damit vornehmlich unserem *eigenen* Bild von Weltbürgertum nach! Fast überall sonst auf der Welt – so habe ich es auf meinen Reisen erfahren – wird den Regeln des Zusammenlebens ein weit höherer Wert zugeschrieben als bei uns, achtet der einzelne weit mehr auf die Gemeinschaft.

Vielleicht in Japan, das hier tatsächlich Weltmarktführer ist; aber schon in China wird es doch merklich ruppiger, oder nicht? Und erst in Afrika ...

Nicht unbedingt. Ich war gerade für zwei Monate in Shanghai, und natürlich geht's da manchmal recht zielstrebig zur Sache. Aber doch nie mit dieser Aggressivität, wie wir sie in Deutschland an den Tag legen. Ehrlich gesagt, ich habe mich wohler gefühlt als in Hamburg, wo man einander im öffentlichen Raum allenfalls noch als Störfaktor wahrnimmt.

Aber das dort jetzt erprobte Sozialkreditsystem, das mit Hilfe totaler Überwachung und Big Data die öffentlichen Handlungen jedes Einzelnen mit Plus- oder Minuspunkten belohnt oder bestraft, ist nicht gerade dazu angetan, mir die «Grundaufmerksamkeit» besonders wünschenswert erscheinen zu lassen. Ob Du nicht spätestens mitternachts vor einer roten Fussgängerampel Deine Zweifel bekämpst?

»Social Scoring«, wie es in einigen Modellregionen Chinas gerade getestet wird, ist die Kehrseite dieser »Aufgehobenheit« des einzelnen in der Gesellschaft und natürlich eine Horrorvision, die weit über »1984« hinausgeht. Erstaunlicherweise scheinen es die meisten Chinesen jedoch gut zu finden ...

Sofern man den Medienberichten Glauben schenken darf! Auch chinesische Redakteure werden wissen, wie man eine Tendenz in die Berichterstattung bekommt.

... schließlich bekommen sie durch soziales Wohlverhalten – Blutspenden, termingerechtes Abzahlen von Schulden usw. – Pluspunkte, die sie gegen konkrete Vergünstigungen einlösen können: kürzere Wartezeiten in Krankenhäusern, billigere Fahrkarten, höhere Kreditwürdigkeit und so weiter. Bis hierhin klingt es noch nach Sozialutopie, für die sich vielleicht sogar der eine oder andre in der Pariser Commune stark gemacht hätte: Der einzelne gibt der Gemeinschaft etwas, und die Gemeinschaft gibt ihm dafür etwas anderes zurück. Nicht zuletzt auch Sicherheit – die chinesische Regierung verspricht nichts Geringeres, als mit Hilfe dieser Totalüberwachung jeden terroristischen Anschlag zu verhindern. Schlimm wird es bei den Minuspunkten, da gilt schon der gelegentliche Falschparker als – naja, noch nicht als »vorbestraft«, aber die Vorstufe dazu ist es.

Die Haltung des Herdentieres, die hinter der Willfährigkeit steckt, sich diesem digitalen Tugendregime zu unterwerfen, wird jeden daran hindern, etwas anderes zu tun als das, was die Mitherdentiere von einem erwarten. Das bereitet zwar den Hirten viel Freude, wird dem Weiterkommen der Menschheit insgesamt aber wenig dienlich sein. Dafür ist das Ausscheren-Können und Ausscheren-Dürfen unerlässlich. Vielleicht sollte einmal jemand versuchen, die vielgeschmähte Gleichgültigkeit zu rehabilitieren. Ist es nicht auch eine grossartige Errungenschaft, ganz vielem gegenüber gleichgültig sein zu können – gerade auch dem meisten gegenüber, was andere tun und lassen? Keine moralischen Punkte ergattern zu müssen wie in China?

40 Aber nur bis zu einem gewissen Punkt! Solange sich *andere* kümmern, *genügend* andere kümmern, kann man prächtig gleichgültig sein. Abgesehen davon hast Du natürlich recht: Als Herdentier erwirbt man vielleicht ein paar Bonuspunkte, aber keine Haltung. Dazu bedarf es des Heraustretens aus dem vorgegebenen Rahmen, bedarf des Hinterfragens all dessen, was die Gemeinschaft als verbindlich oder vorbildlich kodifiziert hat, bedarf es des Mutes, Erprobtes und Bewährtes hinter sich zu lassen – auf die Gefahr hin, erst mal nur in eine Reihe von Abgründen zu blicken.

Gleichgültigkeit als Fokussierungskraft und entfesselte Egozentrik

Ich bleibe dabei, Gleichgültigkeit ist nicht selten schlichtweg ein Gebot der Lebensklugheit: Sich nicht alles etwas angehen lassen, das Meiste ausblenden, um den Kopf und die Hand für das wenige frei zu haben, was man tun will und tun kann. Anders gesagt: Gleichgültigkeit ist Fokussierungskraft.

Was den öffentlichen Raum in Deutschland seit einigen Jahren prägt, ist die aggressive Kehrseite dieser Haltung: die offensive Gleichgültigkeit derer, die eigentlich nur ganz normale Mitmenschen sind. Und trotzdem auf Kosten der Gemeinschaft ihr eignes Ding machen. Vielleicht ist entfesselte Egozentrik auch eine

Haltung, aber eine zutiefst verächtliche. Beim Wichtigtuer, der im ICE-Ruheabteil ungeniert Handygespräche führt, fängt es an …

… und beim Studenten geht es weiter, der die aus der Bibliothek entliehenen Bücher mit rotem und gelbem Filzstift vollschmiert und die Nachbenutzer mit seinen idiotischen Marginalien behelligt.

Und weil wir uns zu fein sind, ihn bei seinen permanenten Grenz- und Regelüberschreitungen in die Schranken zu weisen, ist dieser Typus ungebremst auf dem Vormarsch. Was für den einzelnen gilt, gilt entsprechend für Subkulturen und Parallelgesellschaften. Der Staat hat ein Souveränitätsproblem, aber jeder einzelne von uns auch! Wer kann angesichts unsrer aller Hilflosigkeit, die sich hinter dem grassierenden Wort vom »Staatsversagen« nur schlecht versteckt, noch gleichgültig bleiben?

Ich versuche es. Gleichgültigkeit ist zu Unrecht in Misskredit geraten. Oder möchtest Du für solche Leute auch bei uns Social Scoring einführen, auf dass sie wenigstens durch Maluspunkte bestraft werden, wenn wir schon selbst nicht strafende Hand anlegen wollen?

Apropos »selbst Hand anlegen«: An Silvester hat eine Schweizer Touristin in Wien einem Grapscher mit einem reflexartigen Schlag das Nasenbein gebrochen – und wurde wegen Körperverletzung angezeigt. Hätte sie gleichgültig bleiben sollen? Selbstverständlich ist Social Scoring keine Alternative zur Selbstjustiz. Man stelle sich vor, das System würde nach der Implosion unsrer spätdemokratischen Gesellschaft tatsächlich auch mal bei uns eingeführt!

Spätdemokratische Gesellschaft? Vielleicht noch nicht einmal frühdemokratisch?!

Im Grunde müßte man beim Social Scoring nur die staatlich erhobenen Daten per Video-Überwachung mit den privat erhobenen der Internetkonzerne zusammenführen – so weit weg vom chinesischen Modell, wie wir es gern behaupten, sind wir gar nicht. Das wäre dann ein herber Gegenentwurf zum aktuellen Laissez-faire. Gewiß würde er viele dazu veranlassen, öffentlich Haltung zu zeigen – die vorgeschriebene Haltung. Und eine zweite Haltung heimlich einzunehmen. Die meisten würden Mittel und Wege erkunden, wie das System ausgetrickst werden könnte. Auch das läßt sich bereits in China lernen: Vor den Behörden, in denen Fahrsünder ihren Führerschein abgeben müssen, sitzen Rentner, die nicht mehr selber Autofahren möchten und ihren Führerschein verkaufen.

Die wenigsten werden jedenfalls öffentlich Haltung dagegen einnehmen. Eine strenge Haltungsvorgabe seitens des Staates fördert das Duckmäusertum und macht der individuellen Haltung den Garaus – oder provoziert Fundamentalwiderstand, also erst recht eine individuelle Haltung, eine Antistaatshaltung.

Was China betrifft, soll das System 2020 eingeführt werden. Übrigens ist die Haltung, die darin zum Ausdruck kommt – weitgehende Unterordnung individueller Interessen unter diejenigen der Gemeinschaft – nicht genuin chinesisch, sie kennzeichnet viele asiatische Kulturen.

Was mir das angeblich anstehende asiatische Jahrhundert nicht willkommener macht. Nun aber Schluss mit sinogermanischen Depressiva ... Leitkultur! Oder vielmehr Antileitkultur! Wir hatten ja schon mal geklärt, was wir darunter verstehen wollen.

Bauchgrimmen

War Leitkultur noch vor wenigen Jahren eine Art stillschweigend akzeptierter Minimalkonsens an Werten und damit verbundenen Verhaltensregeln im öffentlichen Raum, sozusagen »Minima Moralia« für jedermann, der weder groß thematisiert noch in Frage gestellt wurde, ist sie heute zu einer fixen Idee geworden, an der sich alle abarbeiten – gerade auch dann, wenn sie den Begriff bewußt vermeiden. Von den Rechtspopulisten wird sie durch rüpelhafte Regelüberschreitung – zum Beispiel in Parlamentsdebatten – mit Füßen getreten und gleichzeitig lauthals proklamiert; von den Blasenlinken hingegen zu ihren ganz eigenen »Maxima Moralia« umgewidmet und im Fall des Falles mit der Heckenschere an einem ungarischen Grenzzaun auch selbst vorexerziert. Das Spektrum derer, die ihre Haltung beherzt in die Tat umsetzen, reicht von der schwedischen Studentin im Flugzeug, die spontan eine Abschiebung verhindert, bis zur Leiterin des Bremer Bundesamts für Migration und Flüchtlinge, die systematisch gegen Dienstvorschriften verstößt, um Flüchtlinge zu retten.

Ein Kommentator der taz hat nach der Suspendierung der Leiterin keinesfalls ironisch gefragt, warum sie nicht längst für diverse Menschenrechtspreise nominiert sei. «Oder wenigstens für das Bundesverdienstkreuz?» Edel gedacht. Aber auch hilfreich und gut? Oder doch eher Ausdruck dissoziativer Tendenzen im Grossen und eines zunehmenden Konformitätsdrucks im Kleinen – innerhalb jener Milieus, die Edel-Sein verlangen?

Zwar wurden die Zahlen der in Bremen unrechtmäßig erstellten Aufenthaltsgenehmigungen im Zuge der Nachforschungen nach unten korrigiert, andererseits immer weitere Mittäter ermittelt. Vor allem kam heraus, daß schon seit 2014 diesbezügliche Hinweise bei der BAMF-Zentrale eingingen, ohne daß ihnen nachgegangen wurde. Der Vorsitzende des Personalrats der BAMF soll vor dem Innenausschuß des Bundestags ausgesagt haben, daß es sich bei den Eigenmächtigkeiten in Bremen keineswegs um einen Einzelfall handle: »Bremen ist in jeder Außenstelle«.

Immerhin habe ich in der SZ unlängst gelesen, ich zitiere: «Die Staatsanwaltschaft wirft der ehemaligen Leiterin der Bremer Dienststelle vor, zusammen mit den auf Asylrecht spezialisierten Anwälten, einem Dolmetscher und einem weiteren Beschuldigten bandenmäßig Asylantragsteller nach Bremen gelotst und dort mit zu Unrecht erteilten

Bleibegenehmigungen ausgestattet zu haben.» Du siehst, unser Rechts-
system funktioniert noch.

Aber das *Vertrauen* in dieses Rechtssystem ist bei vielen erschüttert. Wir leben in einer Welt mit immer weniger Staatsräson, dafür immer mehr Aktivisten, die Chuzpe und Fundraising rhetorisch so geschickt vermarkten, daß es wie ein legitimes Mandat wirkt – schließlich retten sie damit die Welt. Wenn Samuel P. Huntington noch lebte, würde er jetzt vielleicht ein Buch mit dem Titel »Kampf der Haltungen« veröffentlichen – genau darum geht es derzeit. Ist das die schöne neue Möglichkeitspluralität, die Du vorhin angesprochen hast? Oder eine Art aktive Basisdemokratie, die Du uns im Rekurs auf Wilhelm Tell ja auch leicht empfehlen könntest?

Du magst es wieder auf die ländliche Idylle schieben, in der wir wohnen, aber ich kann hierzulande im realen öffentlichen Raum nicht mehr Regelverstösse erkennen als früher. Selbst im Moloch Freiburg bieten Teenager in der Strassenbahn Greisen ihre Sitzplätze an und drehen sogar ihre Musik leiser, wenn man sie darum bittet.

Aber gerade aus Freiburg hat man in letzter Zeit auch ganz anderes gehört – Du nicht?

Im alltäglichen Zusammenleben sind die Menschen nach meiner Beobachtung keinen Deut aggressiver und unhöflicher, als sie es immer waren. Im Gegenteil: Sie kommen mir alle vorzüglich domestiziert vor. Das Internet wiederum ist das grosse Kompensationsfeld der Möglichkeitskultur: Da kann jedermann die Sau rauslassen, andere nach Lust und Laune beschimpfen und sich nach Lust und Laune beschimpfen lassen. Wunderbar, dass es dieses Ventil gibt, ansonsten würden die Leute vielleicht tatsächlich im wirklichen Leben aufeinander losgehen.

Keinen Deut aggressiver als früher? Ich hoffe, wir kommen darauf noch zurück. Indem Du die heile Welt des Südschwarzwalds beschwörst, übergehst Du meinen eigentlichen Punkt: den zivilen Ungehorsam als Teil einer dahinterstehenden Haltung, die – ganz in Deinem Sinne, fürchte ich – das Einzelne auf Kosten des

Ganzen durchsetzen will, das Partikularinteresse, das Minderheitsvotum. Indem man sich selber zum Vertreter einer imaginären »Bürgergesellschaft« ernennt, wird es nicht legitimer – es bleibt eine Durchsetzung von Interessen, die im herkömmlichen Repräsentationsmodus unsrer Gesellschaft keine Mehrheit gefunden haben.

Du hast recht, Matthias, ich sollte Dir eigentlich mit Wilhelm Tell kommen und sagen, es sei ja kein Wunder, dass die moralingedopten Blasenlinken zu illegalen Mittel greifen, wenn ihnen die tatsächliche Mitbestimmung in politischen Sachfragen verweigert wird, weil alle konkreten Entscheidungen von den «Repräsentanten» getroffen werden, die stets faule Kompromisse eingehen. Ich könnte auch sagen, wir müssten den Heldinnen und Helden des zivilen Ungehorsams oft genug dankbar sein, etwa der ehemaligen NSA-Mitarbeiterin Reality Winner, die der Presse ein hochgeheimes Dokument zuspielte, das Präsident Trumps Russland-Gate ins Rollen brachte – und die jetzt für Jahre im Gefängnis sitzt. Aber das alles sage ich nicht ...

Und sagst es damit sehr wohl.

... denn was mir eigentlich Bauchgrimmen bereitet, sind nicht die eher marginalen Akte zivilen Ungehorsams, sondern die ideologische Verbohrtheit dieser Blasenlinken – eine Verbohrtheit, die zuzunehmen scheint, je weiter sie sich von allgemeinen Interessen entfernen. Stattdessen betreibt man Klientelpolitik für allerlei «Opfer der gegebenen Verhältnisse», sozial Ausgegrenzte und Bildungsferne, unterfüttert es mit einem moralischen Anspruch, der umso grösser wird, je geringer der Adressatenkreis ist, zu dessen Gunsten man Politik betreibt: Kitas für alle, Abitur für alle, Master für alle, Maximalgehalt für alle. Die Hauptwaffe dieser Politik ist es übrigens, schlechtes Gewissen zu erzeugen – auf der Klaviatur der Schuld gegenüber Minderheiten zu spielen: die Mehrheit davon zu überzeugen, sie habe eine moralische Verpflichtung, den Minderheiten auf die Beine helfen, weil sie an deren Misere eigentlich schuld sei.

Mit dem Hinweis auf Schuld kann man in Deutschland immer punkten. Natürlich haben wir eine historische Schuld, aber warum wir sie neuerdings auch in jedem zweiten deutschen Wort aufspüren wollen, ist mir ein Rätsel. Offensichtlich ist der Lustgewinn am Enttarnen eigener Defizite so groß, daß rassistische Unterströmungen auch dort behauptet werden, wo sie bis gerade eben gar keinem aufgefallen sind. So wird der Mechanismus permanenter Selbstgeißelung in Bewegung gehalten. Erst sobald sich ein englisches Wort anstelle eines »belasteten« deutschen gefunden hat, beruhigt sich unser Gewissen vorübergehend. Ist »Refugee« wirklich besser und überhaupt etwas anderes als »Flüchtling«? Ist das postkolonial korrekte »Person of Color« weniger diskriminierend als der längst aus dem deutschen Sprachgebrauch ausgesonderte »Farbige«?

Durchgangswege

Aber an diesem Punkt möchte ich erst mal festhalten: Wonach ich mich eigentlich sehne, wäre eine ideologiefreie Linke und eine moralinfreie Linke – eine Linke, die nichts weiter im Sinn hat, als möglichst vielen möglichst viele Möglichkeiten zu eröffnen.

Das ist auch meine Vision linken Denkens und Argumentierens. Im 21. Jahrhundert ist ein Linker nicht mehr parteipolitisch oder klassenkämpferisch gebunden und sonstwie ideologisch erst recht nicht. Er ist Frei- und Selbstdenker, und wenn er sich dabei gelegentlich widerspricht, so ist das hoffentlich durch die Eleganz seiner Argumentation begründet – beliebig wird er dadurch noch lange nicht. Aber die Widersprüchlichkeit ist es für mich nicht, was ihn im Innersten zusammenhält, ebensowenig seine *Neigung* zum Widerspruch. Und auch die »kritische Widerständigkeit« nicht. Ein Linker ist keiner, der sich nur in seiner Antihaltung zu etwas anderem konstituiert, im Zurschaustellen möglichst vieler »klarer Kanten«. Sondern einer, der eine Vision hat, die über das Bestehende hinausweist.

Hast du etwa eine Vision? Ich hüte mich ja davor …

Oh, ich habe jede Menge Visionen! Angefangen ganz oben bei den Vereinigten Staaten von Europa bis hinunter zu radikalen Lösungen für die Hamburger Infrastruktur. Ein Linker, wie ich ihn verstehe, entwickelt über seine persönlichen Ziele hinaus immer auch Visionen für die Allgemeinheit, vielleicht sogar ein bißchen zwanghaft. Darin ist er ganz klar und eindeutig, das erst macht seine Haltung aus. Indem er mit seiner intellektuellen Beweglichkeit da und dort markiert, was summa summarum seine *eigene*, höchst individuell zugeschnittene Leitkultur ergibt, blickt er ständig auf die Leitkultur des Mainstreams und gleicht sie mit seiner eigenen Vision vom guten Leben ab. Nicht daß er sich je mit einer Haltung begnügen würde, es sind ihm wohl immer nur Zwischenhaltungen auf der Suche nach – ja, nach was denn? Ich schrecke vor dem Wort »Gesinnung« zurück, das klingt mir zu endgültig, und die latente Radikalität, die dem Wort für meinen Geschmack innewohnt, mag ich nicht. Von dort ist es nur noch ein kleiner Schritt zu Gesinnungsschnüffelei und der Herrschaft der Blockwarte. Aber wie können wir »Haltung« definieren, wenn wir das Grundsätzliche betonen wollen, das all unseren Meinungen zugrundeliegt, ohne das Bewegliche daran zu vergessen, das uns vor dem Erstarren bewahrt?

Ob ich in Deinem Sinn ein Linker bin, bezweifle ich. Ich erinnere Dich nur ungern an die Empfehlung Deines verehrten Alt-Kanzlers, wer Visionen habe, solle zum Arzt gehen. Bin ich vielleicht auch ein Rechter, ein Gegenwartskonservativer, wenn ich meine, dass es am jetzigen Zustand der Dinge vieles zu erhalten und zu bewahren gilt? Zwischenhaltungen und Halte im Dazwischen behagen mir mehr als letzte Haltungen oder sogar Gesinnungen.

Als Konservativer wärst Du für mich noch lange kein Rechter; das sind keine Synonyme, auch wenn es im öffentlichen Diskurs gern unterstellt wird. Aber was hast Du als Philosoph denn nun zu sagen über das, was Haltung ausmacht, Haltung im Singular?

Haltungsbegriffe und Begriffshaltungen

Da forderst Du von mir eine Lektion in angewandter philosophischer Haltungskunde, eine Lektion in geistigem Buckelturnen. Zunächst einmal ist Haltung ein sehr deutscher Begriff mit sehr deutschem Pathos. Ins Schweizerdeutsche lässt er sich zur Not noch übersetzen – da sind wir Schweizer erstaunlich deutsch –, aber schon mit dem Englischen und dem Französischen wird es schwierig. Dort meint «attitude» zwar Haltung im Sinne von Einstellung, aber es fehlt der «attitude», egal, ob englisch oder französisch, nicht nur das Rückgrat der Körperhaltung, sondern auch die heroische Konnotation des Standhaltens. Und dann hätten wir die «hexis» der alten Griechen, die über die Römer als «habitus» auf uns kam. Gemeint ist das, was jemand hat, «die Habe», um ein schönes altes Wort zu rehabilitieren. Also etwas, das zu einem gehört, das man erworben hat. Und diese «hexis» spielt in der Ethik seit jeher eine Rolle. So bestimmt beispielsweise Aristoteles die Tugend als «hexis» der guten Mitte zwischen den Extremen. «Hexis» ist nichts, was einfach so gegeben wäre. Man erwirbt diese Habe im Laufe des Lebens und sie muss keineswegs etwas Positives sein. Auch das Laster ist eine «hexis», ein andauerndes Verhalten, eine Gewohnheit.

Eine Haltung muß man sich erwerben, sie akkumuliert mit den Erfahrungen, die man im Lauf der Jahre macht. Vorausgesetzt man will daraus mehr als nur pragmatische Schlüsse ziehen. Ein Bedürfnis nach Haltung zu entwickeln, die situationsunabhängig gilt, a priori, ist etwas anderes. Aber können wir nicht zu *Deiner* Haltung als Philosoph kommen?

Ein bisschen mehr Anlauf brauche ich dazu freilich. Zumal die Haltung als starker philosophischer Begriff ohnehin erst ein Kind der letzten Zwischenkriegszeit ist. Und der Kontext, in dem er stark gemacht wird, ist nicht unbedingt appetitlich. Prominent hat ihn Erich Rothacker, Habermas' Doktorvater, herausgestellt, in seiner 1934 publizierten «Geschichtsphilosophie», die nicht nur den «grossen Staatsmann Adolf Hitler» feierte und den «Rassegedanken» als unabdingbar ausgab. Sondern auch intensiv über Haltung nachdachte, nämlich als «Dauerantwort auf eine Dauerlage»: «Haltungen sind menschliche

Seinsweisen, in denen der Mensch sich wollend und vorsätzlich hält und deren Innehaltung und Höherentfaltung mit seiner Ehre, seinem Stolz, seiner Selbsteinschätzung, seinen Ansprüchen an Würde, Rang und Adel unlösbar verknüpft ist.» Haltung um der Haltung willen. Der Existenzphilosoph Karl Jaspers hat versucht, Paroli zu bieten, und veranschaulicht, wie in jeder Haltung die Gefahr lauert, die für Menschen charakteristische Offenheit zu vernichten. Die Gefahr, die Du «Erstarren» nennst. Jaspers will nur «provisorische Daseins-Haltungen» gelten lassen, die der Existenz keine letzte, feste Form geben: «Haltung, verabsolutiert, macht starr und tot.» 49

Mit Jaspers rennst Du bei mir offene Türen ein. Aber wolltest Du nicht über Deine eigene Haltung reden? Vorhin hast Du Dich, vorsichtig zwar, als Konservativer zu erkennen gegeben; häufig jedoch auch schon als Sophist, der Haltungen nur vorübergehend, vielleicht aus rhetorischem Ehrgeiz, vertritt, statt sie tatsächlich einzunehmen. Wie geht das zusammen?

Gewohnheit versus Haltung

Nicht verweigern, nicht verzichten, nur bereit sein, seine Haltungen immer wieder zur Disposition zu stellen. Vielleicht könnten wir, wenn wir an einem positiven Begriff von Haltung festhalten wollen, sie von Gewohnheit unterscheiden. Gewohnheiten sind oft nützlich, weil sie unser Leben vereinfachen. Sie helfen uns, nicht in jeder Lebenssituation immer wieder neu darüber nachdenken zu müssen, was wir jetzt machen sollen. Aber Gewohnheiten verstellen oft genug den Blick, wo es nötig wäre, tatsächlich einmal nachzudenken. Häufig genug sind Gewohnheiten passiv, antrainiert, einem zugewachsen, ohne dass wir selbst ihr Wachsen und Wuchern unter Kontrolle hätten. Gegen diese blosse Gewohnheit könnten wir die Haltung in Stellung bringen, als etwas Aktives, von uns Gewähltes. Man nimmt Haltungen ein, gewinnt sie. Als das, was unserem Leben Form gibt. Als das, womit wir unserem Leben Form geben. Und ihr gewaltiger Vorteil ist es, dass wir sie – unsre jeweilige Haltung, unsre jeweiligen Haltungen – je nachdem, was wir erleben, und je nachdem, worauf wir beim Nachdenken kommen, auch wieder aufgeben können. Es sind Stellungen, die wir im Gefechtsverlauf des Lebens zu räumen bereit sein sollten – verstetigte Stellungnahmen, deren Verstetigung wir manchmal traurig, manchmal fröhlich wieder preiszugeben vermögen.

Mir scheint hier die Frage nach dem guten Leben in der Luft zu liegen. Können wir am Ende ein glückliches Leben geführt haben, ohne eine Haltung gewonnen zu haben, eine Serie an Haltungen? Sicher, es gibt hedonistische Alternativen. Aber eine Haltung kann nicht nur das glückliche Leben begleiten, sie kann Teil seines Glücks sein. Auch seines Unglücks, wenn man an Haltungsfanatiker denkt, die für ihre Überzeugungen hingerichtet werden – nicht selten Heroen und Heilige postum. Vielleicht kann man Haltung(en) auch erst ab einem gewissen Alter gewinnen, einem erfahrungsgesättigten Alter, damit es nicht bloß weltferne Ideologie ist oder wohlfeiles Postulat. Vielleicht ist Haltung sogar das Gegenteil von Ideologie?

Schöne Idee, Haltung als Antiideologicum zu verschreiben! Weniger schön, die zarte, mittlere und reifere Jugend davon auszuschliessen. Braucht nicht jedes Lebensalter eine Haltung?

Eine Haltung hat man nicht einfach so, man wächst in sie hinein. Im Grunde wird man bereits durch die Eltern zu einer Haltung erzogen, jedenfalls war das früher so. Später kommen selbstgewählte Vorbilder dazu, man findet zu einer ersten *eigenen* Haltung. Aus der man irgendwann wieder herauswächst, hinein in die nächste Haltung, die darauf aufbaut. Möglicherweise haben Lebensumstände und Schicksalsschläge mehr Anteil an unsrer Haltung als unser freier Wille. Andrerseits ergibt sich aus den verschiedenen Meinungen, die wir zu den Fragen des Lebens zu verschiedenen Zeiten und in verschiedenen Situationen einnehmen, ein Bündel an Meinungen, das von außen betrachtet eher fest als flexibel erscheint, eben eine Haltung. Für unsre eigne Person beharren wir zwar auf der Wandelbarkeit unsrer Meinungen (zumindest auf dem *Recht*, unsre Meinung zu ändern), aber unsre Freunde legen wir umso eifriger auf sie fest, und wenn sie sich in unseren Augen zu sehr davon entfernt haben, halten wir sie ihnen noch nach Jahren vor. Was ihre Haltung betrifft, sind wir sogar noch kompromißloser, wir »kennen« sie besser als die Betreffenden selbst, nicht zuletzt, weil wir sie auch ihrer Haltung wegen schätzen: »Was ist denn in dich gefahren? Ich erkenn' dich ja gar nicht mehr wieder!« Offensichtlich messen wir mit zweierlei Maß. Uns selbst wollen wir alle Optionen offenhalten, bei anderen empfinden wir eine mehr oder weniger feste Haltung als »Charakter«, als etwas, worauf wir uns verlassen können. Worauf kann ich mich bei Dir verlassen?

Die beste aller Welten?

Deine Beobachtung, dass wir uns selber haltungsflexibel halten wollen – es könnte ja immer etwas Anderes, Besseres kommen, das Haltungsanpassung verlangt –, während wir von anderen unbedingte Haltungstreue verlangen, hat viel für sich. Wir brauchen in der Welt, in der wir uns bewegen, etwas Festes, damit wir uns überhaupt orientieren können. Wäre auch die Umwelt ständig in Bewegung, wüssten wir nicht, wohin wir uns bewegen sollten. Vielleicht scheint hier eine der Grundparadoxien unserer Gegenwart auf. Nämlich die, dass wir in einer immer sichereren Welt leben und uns doch immer unsicherer fühlen.

Schon zum zweiten Mal willst Du uns einreden, daß wir ausgerechnet derzeit in der besten aller Welten leben. Das sehen viele anders als Du!

Die äusseren Lebensumstände waren noch nie so umfassend und dauerhaft gesichert wie bei den heutigen Europäern, und dennoch tun sie so, als ob ihre Sicherheit ständig auf der Kippe stünde. Die Gegenwart zeichnet aus, dass sie maximale äussere Sicherheit mit minimaler mentaler Sicherheit kombiniert. Und diesen fundamentalen geis-

tigen Sicherheitsmangel kompensiert man links wie rechts mit ideo-
logischen Ersatzsicherheiten. Beispielsweise rechts, indem man auf
militante Abgrenzung von allem Andersartigen setzt, um sich des Ei-
genen zu vergewissern. Der geistige Sicherheitsmangel der Gegenwart
hilft dabei, irrationale Urängste wieder aufleben zu lassen. Aber ge-
nau betrachtet braucht der geistige Sicherheitsmangel keine ideologi-
sche Kompensation, und wir brauchen kein Urangst-Revival. Denn
dieser Sicherheitsmangel – dass wir nicht wissen, wozu wir auf der
Welt sind und es jeweils selber herausfinden müssen – ist nur ein an-
deres Wort für Freiheit.

52

Sich nicht festlegen zu wollen und es in vielerlei Hinsicht auch
nicht mehr zu müssen, ist sicher Fluch und Segen unsrer Zeit.
Ein Segen, weil wir alle Seiten unsrer Persönlichkeit freier ausle-
ben können als je zuvor; ein Fluch, weil wir dadurch auch all das,
was uns noch vor wenigen Jahrzehnten eine selbstverständliche
Haltung im Alltag gab – Kirche, Nation, Ehe & Co. –, verloren
haben und verdammt dazu sind, uns eine Haltung zu geben, jeder einzelne sich selbst. Aber Du hast Dich um die Beantwortung
meiner Frage gedrückt: Worauf kann ich mich bei Dir verlassen?

Schwertkampf

Da würde ich gerne noch einmal die alte Übersetzung für «habitus» in
Erinnerung rufen: «die Habe». Die Haltung, die ich mir wünsche, ist
es, das Heft in die eigene Hand zu nehmen und in der eigenen Hand
zu behalten. Nicht etwas Aufgedrücktes, Aufgedrungenes zu exekutie-
ren – Gewohnheiten, deren Nutzen mir andere aufschwatzen. Sondern
die eigene Welt zu gestalten, soweit als möglich. Wir sind weder pri-
mär Opfer – der Umstände, der bösen Anderen –, noch sind wir pri-
mär Schuldige. Schaurig übrigens dieser Mehltau des grassierenden
Opfer- und Schulddiskurses. Von #MeToo über Trigger-Warnungen
vor vermeintlich zarte Seelen verletzender Literatur wie Shakespeare
und Bukowski bis hin zu den postkolonialistischen (Selbst-)Ankla-

gen, wie sehr wir Westler noch immer am Ungemach der ganzen Welt schuld seien: Überall grassiert die Vorstellung, der Mensch sei eigentlich ein leidendes Wesen, ein Opfer der Umstände – vor allem der bösen westlichen weissen alten Männer, die in dieser Welt noch immer allein handlungsmächtig erscheinen. Mitunter hört sich dieses Gewimmer an wie radikale Gegenaufklärung im Negligé der Aufklärung. Dagegen ist zu sagen: Der Mensch ist von seinem ersten Schrei an kein Opfer, kein Passivum, sondern ein handelndes Wesen. Zugegeben, mit jeweils sehr unterschiedlichen Handlungsspielräumen. Aber nichts und niemand kann mich davon entlasten, für mich selbst verantwortlich zu sein. Es gibt für die eigene Verantwortung keine Stellvertretung.

Auch nicht in Form der Quotenregelung. Daß Du das Heft Deiner Lebensführung jederzeit selbst in der Hand halten willst und vielleicht auch kannst, fällt für mich unter »Segen« unserer Zeit: Was konkret tust Du gegen den »Fluch« derselben? Für beziehungsweise gegen was hast Du Dich – wenigstens im Moment – entschieden, was verleiht der Hand, die das Heft ergriffen hat und führt, Kraft und Richtung?

Soll ich sagen, die Hand wisse das schon selbst? Aber wir haben da doch auch ein drängendes politisches Problem – bei aller Sicherheit das Gefühl der Ohnmacht, denn mehr als Kreuzchenmachen ist politisch für die meisten ja nicht drin. Man hat zwar alles, kann aber das Ganze nicht mitgestalten. Entsprechend sucht man verzweifelt Handlungsoptionen. Und beginnt beispielsweise mit rassistischen Pöbeleien oder anarchistischem Barrikadenbau. Bloss um das Gefühl zu bekommen, man richte etwas aus und habe seine Welt im Griff.

Was hat das mit *Deiner* Haltung zu tun, nach der ich Dich gefragt hatte? Du erscheinst mir gerade wie einer dieser Schwertkämpfer, die in fernöstlichen Actionfilmen immer irgendwann wie aus dem Nichts auftauchen. Auch sie halten ihr Schwert fest in der Hand, bewegen sich damit so schnell, daß man kaum ahnt, wohin sie den nächsten Schlag führen werden. Und erst recht nicht, warum sie es tun, für wen, welche Sache. Ist es das, was Du meinst, wenn Du von »Habe« sprichst? Und die Haltungen, die man dabei einnimmt und wieder verläßt, sind eigentlich *Stel-*

lungen, immer nur temporär und in Bezug auf den anderen ge-
dacht?

Das Leben als Stellungskrieg, mag sein, auch wenn mir die militäri-
sche Metapher nicht recht munden will. Dein asiatischer Actionheld
bekämpft haltungstreu immerhin stets die Bösewichter, in welcher Ge-
stalt sie auch auftreten.

Aber nein, ich dachte gerade an diejenigen, die dem Protagonisten plötzlich den Weg verstellen, also dem Guten. Allerdings ent-
puppt sich der Gute spätestens in dieser Situation als ebenbür-
tiger Partner. Haltungspunkte werden nicht verliehen, wenn's
um Leben und Tod geht, und da könnte man – um vom Beispiel
wieder zurückzukommen auf den philosophischen Disput – als
Sophist mit seinen tausenderlei Logoi im Vorteil sein.

Muss man Sophist sein, um mit den Bösewichtern zu sympathisieren?
Vielleicht macht man sich dann die Lebensmaxime von Neil McCauley
zu eigen, dem dämonisch-liebenswürdigen Schuft in Michael Manns
Film «Heat»: «Binde Dich an nichts, was Du nicht in 30 Sekunden wie-
der vergessen kannst, wenn Du merkst, dass Dir der Boden unter den
Füssen zu heiss wird.» An nichts sein Herz hängen, was man nicht in
einem Augenblick hinter sich lassen kann. Auch eine Haltung?

Der Nachbar als Bösewicht

Das Heft in die Hand nehmen, das Heft in der Hand behalten ...
Du verfichtst das Primat der Selbstbestimmung. Es wird Dir
heutzutage kaum jemand widersprechen! Ich möchte daran erinnern, daß Selbstbestimmung nur dann gelingen kann, wenn
sie in Bezug auf ein Ganzes gelebt wird, im Wechselspiel mit den
Selbstbestimmungsversuchen der anderen. Ich rede hier *nicht*
vom Ehrenkodex in Sekten, Fußballfangruppen, Burschenschaf-
ten, dem man sich als Mitglied mehr oder weniger verbindlich

verpflichtet, das ist mir alles so suspekt wie Dir. Und ich rede auch nicht vom stillschweigenden Ehrenkodex zwischen Bergsteigern oder Marathonläufern, dem ich mich sehr gern verpflichte, sofern ich mit ihnen unterwegs bin. Ich rede vom Miteinanderleben im Alltag. Ein Beispiel: Seit über zwanzig Jahren lebe ich in einem Haus, dessen Bewohner sich bei den alljährlichen Eigentümerversammlungen ganz gut zusammenraufen – bis auf einen einzigen, der fünf von zwölf Einheiten besitzt und sich permanent als Alleinherrscher aufspielt: Immobilienjongleur Antun Attila P., ich habe ihn bereits in einem Roman als literarische Figur verwurstet.

Wie darf ich mir Deinen Immobilienjongleur vorstellen – dem Klischee entsprechend? Also qua Profession haltungslos?

Das darfst Du. Bei jeder Gelegenheit überschreitet P. nicht nur die Regeln des zwischenmenschlichen Anstands, sondern auch die gesetzlich kodifizierten des Zusammenlebens in einem Mehrparteienhaus. Die Eigentümergemeinschaft mußte schon viele Prozesse gegen ihn führen und dabei lernen, daß Gerechtigkeit nicht immer gegen juristische Winkelzüge in Kombination mit dreister Lüge ankommt. Je mehr mein Vertrauen in die deutsche Justiz geschwunden ist, desto stärker habe ich mich auf meine Haltung zurückbesonnen, und in gewissen Phasen, ich gebe es zu, war ich drauf und dran, ein Michael Kohlhaas zu werden, der für die gerechte Sache auch zu ungerechten Methoden greift.

Damit hättest Du Dich freilich ins Lager der Haltungsfanatiker geschlagen, und das hatten wir ja – unsre einzige Gemeinsamkeit bislang? – kategorisch für uns ausgeschlossen.

Ich war nur drauf und dran. Als ob Haltung – in diesem Fall: das innere Bekenntnis zur Gerechtigkeit – eine Kompensation ist für all das, was die wirkliche Wirklichkeit an Ungerechtigkeit für uns bereithält. Als ob sie eine innere Befriedigung gewährt, wo uns die äußere Befriedigung – also die Anerkennung dessen, was wir in moralischer Hinsicht für recht und billig halten – verwehrt wird.

Und so jongliert Ihr also in Eurer Eigentümergemeinschaft von einer juristischen Niederlage zur nächsten und ergötzt Euch ersatzweise daran, die besseren Menschen zu sein?

Da unterschätzt Du uns. Doch obwohl wir die meisten Prozesse gewinnen, werden wir P. niemals zum Besseren bekehren, das wissen wir. Es geht uns ums Prinzip. Haltung hat für mich, wie gesagt, viel mit Würde zu tun, und Würde ist mehr als »Respekt«, der heutzutage als Mindesthaltung im Alltag immer wieder eingeklagt wird. Worauf ich aber hinauswill: Im Lauf der Jahre sind einige Nachbarn des Kämpfens gegen P.s Übergriffe und Eigenmächtigkeiten müde geworden, sie wollen »um des lieben Friedens willen« manchmal auch dort nachgeben, wo eindeutige Vergehen gegen herrschende Gesetze vorliegen. Sie haben keine Kraft mehr, sich gegen P. zu wehren. Haltung ist auch eine Sache der Kraft, nicht jeder kann sich diesen Luxus leisten, in gewissen Lebensphasen braucht er seine Kraft für andres, was ihn stärker bedrängt als ein Prinzip.

Und da wären wir wieder beim Haltungsschaden ...

Gegen Trump *wettern* kann jeder, aber gegen den Trump im eignen Haus *vorgehen*, da fehlt dann vielleicht doch der lange Atem. Ich finde, unsere Nachbarschaft spiegelt ziemlich genau wieder, was in unsrer Gesellschaft passiert: Wo immer es der Mehrheit an Willen – und an Kraft vulgo funktionierender Staatsgewalt – fehlt, den Grenzüberschreitern am rechten und linken Rand der Gesellschaft die Stirn zu bieten, beginnt die Willkürherrschaft der Minderheiten. Denken wir an Chemnitz, denken wir aber auch an den G20-Gipfel in Hamburg – in beiden Fällen Herrschaft des Teils über das Ganze, für Nietzsche ein klares Dekadenzsymptom. Und für mich im Moment die größte Gefahr für unsre Demokratie.

Noch sehe ich nicht recht, was an der gegenwärtigen Situation so grundlegend anders sein soll als an beliebigen früheren Situationen. Minderheiten haben doch stets versucht, ihre Ansichten durchzusetzen – und manchmal waren sie, weil die Mehrheit schliesslich resignierte, damit weltgeschichtlich erfolgreich. Beispiel: das Christentum. Oder sie wa-

ren weltgeschichtlich nicht erfolgreich. Beispiel: der Mithras-Kult. Dass un- oder halblautere Mittel ein privilegiertes Instrument der Durchsetzung von Minderheiteninteressen sind, ist ebenfalls nichts Neues. Beispiele: das Christentum und der Mithras-Kult – wie auch all die anderen institutionalisierten Religionen. Dass immer jemand auf der Strecke bleibt, mag man bedauern, ist aber kein Phänomen der Dekadenz, sondern unterschiedlicher Ausprägungen des Willens zur Macht. Um sich selbst, ist man in der Auseinandersetzung unterlegen, nicht das Leben zur Hölle zu machen, scheint es eher ratsam, sich einen Habitus gelassener Verachtung zuzulegen – für Immobilienhaie und Grenzüberschreiter jeder Couleur.

Der Analyse stimme ich zu. Auf die Gegenwart übertragen, muß ich freilich feststellen, daß wir es sind, die Demokraten alten Schlages, die unterzugehen drohen, wenn wir uns nicht zu mehr als Verachtung aufraffen, um die Demokratie gegen selbstgerecht dekretierende Minderheiten zu verteidigen.

Die Grenze der Anderen

Ein anderer Punkt ist mir wichtiger. Nämlich Dein Einwand, dass meine Idee der Selbstbestimmung weitgehend Fiktion ist, weil wir stets in Interaktion stehen – weil unsere Selbstbestimmung stets bei der Selbstbestimmung der Anderen endet, mögen die nun Immobilienhaie, rechte oder linke Schreihälse oder unsere Freunde, Partner, Kinder sein. Wir haben die Welt – und Du beschreibst es mit Deiner Eigentümergemeinschaft ja drastisch – meist nicht unter Kontrolle. Wie soll Selbstbestimmung möglich sein, wenn die Welt uns ständig daran hindert, unser eigenes Ding durchzuziehen? Die klassische Antwort auf diese Frage gibt der Stoiker Epiktet, dem als Sklave in römischen Diensten wohl schmerzlich bewusst war, was es bedeutet, die Umstände seines Lebens nicht in der Hand zu haben. Er schlug vor, scharf zwischen dem zu unterscheiden, was in unserer Macht liegt, und dem, was es nicht tut. Nicht in unserer Macht liegt nach stoischer Lehre all das, was man gewöhnlich für wichtig hält, nämlich Besitz, Ansehen, Wirkung in der Welt, Gesundheit, der eigene Körper. In unserer Macht steht nach Epiktet hingegen unser Innenleben, unsere innere Vortrefflichkeit, alles, was einst auf Deutsch «Tugend» hiess. Das Wort Tugend klingt für heutige Ohren moralinsauer, gewährte einst aber weitreichende Lizenzen. «Und das, was in unserer Macht steht, ist seiner Natur nach frei, nicht zu hindern, nicht zu hemmen; was aber nicht in unserer Macht steht, ist ohnmächtig, sklavisch, behindert, fremder Verfügung unterworfen.» McCauley in «Heat» hat offensichtlich seinen Epiktet gelesen, wenn er seinen Protagonisten vor jeder Bindung an Menschen, weltliche Güter oder moralische Positionen innerhalb von 30 Sekunden Reissaus nehmen lässt.

Mit der richtigen stoischen Einstellung läßt sich anscheinend auch Raub und Mord legitimieren. Dein McCauley ist ja nicht einfach ein liebenswerter Gauner, sondern geht über Leichen, wenn es sein muß. Die alten Stoiker hätten diesen banditischen Immoralismus sicher nicht gebilligt.

Auf dem Grill der eigenen Weltanschauung

Mich interessiert an ihnen weniger die Moral als vielmehr das Selbstbezwingungsvermögen. Seneca malt drastisch aus, wie grosse Weise äusserste Qualen erlitten haben und dennoch standhaft geblieben sind. Ein derart Standhafter würde, wenn man ihn im Bronzestier des Tyrannen Phalaris auf kleinem Feuer langsam röstet, noch ausrufen: «Wie süss ist das doch, und der Schmerz geht mich nichts an!» Der Weise erträgt mannhaft jede Tortur und wird daran nicht irre.

Du willst uns doch nicht etwa jetzt ein Leben empfehlen, bei dem man im Zweifelsfall als Bratling auf dem Rost endet? Immerhin preist Du gerade Haltungsfanatiker, von denen Du Dich bislang distanziert hast.

Die Philosophen, die für ihr Denken durchs Feuer gingen, imponieren mir schon. Giordano Bruno beispielsweise, der sich im Unterschied zu Galileo Galilei nicht scheute, für seine gotteslästerlichen Ansichten von der Unendlichkeit des Universums und der Vielheit der Welten auf jenen Scheiterhaufen zu gehen, den ihm die Inquisition mit Wonne bereitete. Seinen Richtern schleuderte er ins Gesicht, sie würden das Urteil gegen ihn mit grösserer Furcht verkünden, als er es entgegennehme. Aber zum Glück wird das Martyrium von Philosophen nur selten verlangt, und ich bezweifle, dass ich tapfer genug dafür wäre.

Würdest Du Dich denn für Deine Überzeugung prügeln? In den arabischen Ländern mußte ich das schon, wenn ich von hinten getreten oder meine Freundin begrapscht worden war. Die Verteidigung unserer europäischen Werte des Zusammenlebens – also vor allem der Achtung vor der Würde des anderen – beginnt nicht erst auf heimischem Terrain und mit zweifelhaften Parolen; sie beginnt weit draußen in der Fremde, dort, wo man verdammt allein ist. Haltung ist dann kein Luxus mehr, sondern Pflicht. Sie gilt auch dort, wo keiner zusieht. Aber zum letzten Mal: Auf welche Haltung kann ich mich denn bei Dir verlassen?

Vielleicht nicht darauf, dass ich den Giordano Bruno gebe oder den Prügelknaben der altabendländischen Werte. Aber doch auf die Bereitschaft, mich von dem, was mich stört, empört, entsetzt, nicht allzu sehr ins Bockshorn jagen zu lassen. Auf eine Neigung zum Stoizismus, weil dieser das Weltgetriebe auf Distanz hält. Auf eine Neigung zur Skepsis, weil die mich lehrt, weder mich selbst noch das, was mir widerfährt, unbedingt bierernst zu nehmen. Auf eine Neigung schliesslich, den Zufall, der häufig genug unerfreulich ist, so lange zu kochen, bis er mir bekömmlich wird. Hast Du diese Neigung nicht auch, wenn Du Deinen Immobilienhai literarisch verwurstest?

In diesem Fall halte ich mich nachträglich schadlos an jemandem, der mich geschädigt, zumindest in meiner Ehre gekränkt hat, ein uraltes literarisches Verfahren. Denk an Mynheer Peeperkorn im »Zauberberg«, der so offensichtlich körperliche und charakterliche Züge von Gerhard Hauptmann trägt, daß sich dieser bitter beim gemeinsamen Verleger beschwert hat. Mag sein, daß derlei für den Philosophen unter skeptischen Stoizismus fällt. Für mich ist Satire eine Ersatzhaltung, eine Haltung zweiten Grades, wenn meine eigentliche Haltung im konkreten Alltag allzu schmerzhaft düpiert wurde.

Und was ist sie dann, deine Haltung, deine eigentliche Haltung?

Ich glaube, ich stehe irgendwo zwischen dem Streben nach Selbstverwirklichung – bei latenter Bereitschaft, im Fall des Falles wie Du mit skeptischer Selbstbescheidung zu reagieren – und der Sehnsucht, als Teil einer Gemeinschaft zu einem besseren Leben beizutragen. Also zwischen Individualismus und Moralismus. Und dies sowohl in meinem alltäglichen Verhalten als auch in meinen Texten; angefangen mit dem Schreiben habe ich ja, da war ich ungefähr sechzehn, nicht etwa aus Lust am Erzählen, sondern aus Kummer mit der Welt (einschließlich meiner selbst). Indem ich darüber schrieb, wurde sie zumindest schon mal für mich besser erträglich – und würde es hoffentlich auch irgendwann für meine Leser. Übrigens glaube ich, daß ich Nietzsche damit gar nicht so fern stehe, auch er hat immer wieder zwischen radikal subjektiven Maximen und dem Blick aufs große Ganze changiert. Diese beständige doppelte Optik ist mühsam, aber gerade durch das Schwanken zwischen den Extremen ist man für jede Ideologie verloren. Und gezwungen, andauernd selber Entscheidungen zu treffen, sprich, verdammt zur Bewegung. Auch das hatten wir bereits, Haltung als Gegenteil von Gewohnheit, die immer wieder neu und in bewußter Entscheidung eingenommen werden will.

Weltveränderungsworte, Leidenslust

Dieser doppelten Optik kann ich manches abgewinnen, auch wenn wir gleich noch darüber reden müssen, was das dann bedeutet, wenn Du die grossen Scheine in kleine Münze eintauschst, also etwa auf Fragen wie Grenzen und Nationalstaatlichkeit, Migration und Flüchtlinge oder die Medienwelt anwendest. Wahrscheinlich bist Du bei der Leidensbedingtheit Deines Schreibens tatsächlich ziemlich nah an Nietzsche dran. Ein wesentlicher Unterschied zwischen Euch beiden und mir ist wohl, daß mich das Leiden an der Welt oder an mir selbst viel weniger zu dem bewegt, was ich tue, als das bei Dir und Nietzsche der Fall zu sein scheint. Womit ich keineswegs ausschliessen will, dass Leiden ein ursprünglicher Beweggrund meines Schreibens gewesen ist, als ich damit anfing, aber dieser Beweggrund scheint mehr und mehr versiegt zu sein. Ich leide nicht mehr so am Zustand der Welt, dass mich das zum Denken oder zum Schreiben brächte, womöglich um diesen Weltzustand zu verändern. Erst wenn man die berühmte 11. Feuerbach-These von Karl Marx auf den Kopf stellt, wird ein Schuh daraus: Die Philosophen haben die Welt nur verändert ...

Wie bitte, verändert? Wenn jemand die Welt am allerwenigsten verändert hat, dann doch wohl die Philosophen. Oder die Schriftsteller. Beide haben sie verständlicher, erträglicher, schöner, bestimmt auch ein paar Regalzentimeter besser gemacht durch die schiere Präsenz ihrer Werke. Aber die Welt de facto *verändert*? Haben doch eher Pragmatiker, Tüftler, Blender, Barbaren.

... Es kömmt darauf an, sie verschieden zu interpretieren. Selbstverständlich haben die Philosophen die Welt verändert. Ich komme jetzt nicht mit Marx, ohne den dem 20. Jahrhundert einiges erspart geblieben wäre. Nein, ich komme mit Platon, der die Hinterwelt erfunden hat, und ohne den es kein Christentum und auch keinen Islam geben würde. Begriffe sind es, die die Welt verändern, umprägen, neu schaffen. Nicht alle, zugegeben und gottseidank. Aber lass' mich meine Schwäche für die Interpretation anders fassen: Es ist die unstillbare Neugierde, die mich treibt, der Welt denkend und schreibend immer wieder eine Seite abzutrotzen, die bisher im Schatten stand. Je umfas-

sender die Bandbreite der möglichen Optiken ist – ich mag es nicht bei
zwei belassen –, desto grösser die Chance, dem Dunkel wieder ein biss-
chen mehr zu entreissen. Die Welt ist mir zu interessant, als dass ich an
ihr leiden möchte. Und wenn ich es – wie wir alle – jenseits von Den-
ken und Schreiben dann doch tue, können stoische Weltausklamme-
rungspraktiken gute Dienste tun, situativ palliativ wirken und mich
fürs Nachdenken freistellen.

Du scheinst Leiden nur negativ zu sehen, dabei bestimmt die
Leidensfähigkeit auch über den Grad an Freude, den man empfinden kann – Leiden ist reziproke Lust. Wer sich die Leidensfähigkeit abtrainiert, verliert unweigerlich auch seine Fähigkeit
zu Glück und Euphorie. Beides, Leid wie Lust, sind die beiden
Enden ein und derselben Empfindung. Wir müssen uns Nietzsche *auch* als einen glücklichen Menschen vorstellen, immer
zwischen Absturz und Höhenflug auf vollen Touren. Was mich
selbst betrifft, so versichere ich Dir, daß ich beispielsweise nach
der Niederschrift eines Gedichtes über allen Kummer getröstet
bin, ja, daß mich das Geschriebene mitunter in einen Glücks-
rausch versetzt. Man hat nicht nur eine Haltung anderen Menschen oder der Allgemeinheit, sondern auch sich selbst gegenüber. Würde ich immer nur auf kleiner Flamme köcheln, meinen
Texten würde die existentielle Beglaubigung fehlen, die der Leser spürt.

Eine stimulierende Kraft des Leidens will ich nicht in Abrede stellen,
auch wenn ich denke, dass man zwischen Leiden und Leidensfähig-
keit im Sinne von Empfindungsfähigkeit deutlich unterscheiden sollte.
Was das Leiden selbst angeht, so kann man in ein ästhetisches Ver-
hältnis zu ihm nur treten, wenn es nicht im Übermass da ist. Werden
die Schmerzen höllisch, schreibst Du kein Gedicht und Nietzsche kei-
nen «Zarathustra» mehr. Ja, man darf ihn sich auch als glücklichen
Menschen vorstellen, gerade, weil er das Leiden einzudämmen, zu ka-
nalisieren verstand. Das ist mit «amor fati» mitgemeint. Was meinen
Teil angeht, bin ich weder der Ekstatiker der Lust noch der Ekstatiker
des Schmerzes, sondern bevorzuge temperierte Empfindungen jenseits
der Extreme. Haltung heisst für mich wesentlich auch, Empfindungs-
exzesse in jedwede Richtung zu vermeiden – die Seelentemperatur eini-

germassen konstant zu halten. Empfindungsextremismus kommt mir
oft ein bisschen kindisch und haltungsschädigend vor. Man schaue sich
beispielsweise die lächerlich-läppischen deutschen Romantiker an.

Lächerlich? Ich finde sie weit inspirierender als die Klassiker,
haltungsflexibler sowieso. Übrigens war ich lange selber einer,
bin es in gewisser Weise sogar noch. Was wäre ein Leben ohne
Sehnsucht, ohne Sehnsucht nach dem ganz anderen? Auch das
gehört zu meiner Haltung.

Lassen wir die Klassik-Romantik-Debatte besser aussen vor, obwohl
in Haltungsbelangen Deine Romantiker notorisch unsichere Kantonis-
ten sind und sich also als Untersuchungsgegenstände vorzüglich eig-
nen würden. Da spiele ich nur allzu gern den advocatus diaboli, weil
alle die Romantik sooo toll finden. Wie aber gehst Du in Deinem Opti-
ken-Zwiespalt denn mit konkreten Haltungsproblemen um, beispiels-
weise bei der Frage nach Nationalstaatlichkeit, nach Grenzziehungen
zwischen dem Eigenen und dem Fremden?

Grenzprobleme

Eine heikle Frage. Bis 1989 war in der Bundesrepublik jedem klar,
daß man eine freiheitliche Gesellschaftsform im Fall des Falles
nur durch Verteidigung der Grenze behalten würde. Weil wir
nach dem Fall der Mauer einige Jahrzehnte lang offene Grenzen
innerhalb Deutschlands und dann sogar fast der gesamten EU
als Inbegriff der Freiheit erlebt haben, ist uns das natürliche – re-
spektvoll zwiespältige – Gefühl für Grenzen verloren gegangen.
Inzwischen glauben wir tatsächlich, Grenzen seien Relikte einer schlechten alten Zeit, ihre grundsätzliche Öffnung das Zeichen einer fortschrittlichen Gesellschaft. Oder *glaubten* es bis
vor kurzem, denn es hat sich inzwischen als recht naiv herausgestellt. Und als zynisch obendrein. Indem die Grenze Deutschlands zu einer offenen erklärt wurde – eine Grenze, die man »im

Herzen Europas« ohnehin nicht mehr wirkungsvoll schützen könne, wie man sogleich allerorten sekundierte –, war die klassische Definition des Staatswesens aufgehoben. Und der damit verbundene Schutz des einzelnen Bürgers zumindest vorübergehend aufgehoben. Kein Wunder, daß da einige Angst bekamen. Und daß die neue CDU-Chefin Annegret Kamp-Karrenbauer quasi als allererste Amtshandlung auf ihrem Migrationsgipfel zurückgerudert ist und eine Schließung der deutschen Grenze zumindest als »Ultima ratio« zukünftig nicht mehr ausgeschlossen hat.

Timothy Garton Ash hat in diesem Zusammenhang von einem «Fehler der liberalen Eliten» gesprochen, die mit ihrem offensiv kosmopolitischen Weltbild alle anderen verprellten, die eher das Bedürfnis nach Gemeinschaft und Identität spüren. Wobei die «liberalen Eliten» damit auch wieder eine Gemeinschaft bilden.

Der Konformitätsdruck einer angeblich »herrschenden Meinung« diffamierte damals sogar tatsächlich gemachte (negative) Erfahrungen als bloße Meinungen und drängte sie in die rechte Ecke. Wo wir früher nächtelang ausdiskutierten, grenzten wir im Handumdrehen per »Like« oder »Dislike« aus – und tun es noch heute: Die größte Gefahr für unser demokratisches System kommt nicht von außen, sondern von innen! Man muß nicht soweit gehen wie Garton Ash, der im selben Spiegel-Interview sagt: »Wenn ich in Deutschland unterwegs bin, habe ich nicht das Gefühl, daß man den Ernst der Stunde begriffen hat.« Vielleicht haben wir wenig begriffen, den Ernst der Stunde aber mittlerweile wohl schon.

«Ernst der Stunde», ist das mehr als hohles Pathos? Pflegen wir hierzulande diesen «Ernst» nicht masslos zu übertreiben, jede atmosphärische Irritation zu einer Zeitenwende aufbauschend?

Wenn sich ein Engländer ausnahmsweise mal einen Witz verkneift und vom »Ernst der Stunde« spricht, muß es wirklich ernst sein. Doch selbst dann gilt: Natürlich sind gerade wir Deutschen verpflichtet, Flüchtlinge aufzunehmen, und zwar ohne Obergrenze! Aber Migranten, die aus ganz anderen Motiven kommen, sollten wir uns sehr genau ansehen, Stichwort Einwanderungsgesetz. Warum kriegen wir das in Deutschland nicht hin? Sondern nur ein Gesetz für Fachkräfte aus Staaten außerhalb der EU, und in dessen Windschatten ein zweites, das abgelehnten Asylbewerbern eine sogenannte Beschäftigungsduldung verschafft? Das ist doch noch längst kein grundsätzliches Einwanderungsgesetz, wie man es aus den USA oder Großbritannien kennt! Nur damit hätten wir nämlich eine Grenze, die einerseits offen ist, andererseits Schutz bietet. Und aus der bloßen Ankunft eines Fremden ein echtes Willkommen machen würde, weil mit dem Erfüllen der Einwanderungskriterien auch die konkrete Einladung verbunden wäre, mit uns gemeinsam hier zu leben. Natürlich nach *unseren* Spielregeln, schließlich ist es – indem ich es sage, merke ich, wie problematisch selbst diese Formulierung schon geworden ist, aber sei's drum: schließlich ist es unser Land, unsre Kultur, unsre Art des Zusammenlebens.

Aha, bei den konkreten politischen Grenzen bist Du sehr wohl willens, sie zu verteidigen, und zwar, um mögliches eigenes Leiden oder das Leiden Deines Heimatlandes abzuwehren. Also empfindest Du doch nicht jedes Leiden als stimulierend.

Aber dieses Leiden, so es überhaupt ein »Leiden« ist – das Wort erscheint mir im Zusammenhang von Einwanderungsgesetz und Zuwanderungssteuerung eigentlich unpassend – ist doch ein völlig anderes als das, was ich zuvor als stimulierendes Leiden verteidigt habe, das kannst du nicht gegeneinander aufrechnen.

Was Leiden von Leiden unterscheidet, sollten wir ein anderes Mal diskutieren. Deine Unterscheidung zwischen Flüchtlingen, die in ihren Herkunftsländern verfolgt werden, und Migranten aus anderen Motiven – die also nicht an Leib und Leben bedroht waren – hat natürlich vieles für sich. Bei den wirklich Verfolgten sind wir uns vollständig einig. Bei den anderen hingegen zögere ich, gehöre ich doch auch zu ihnen. Eigentlich bin ich ein klassischer Wirtschaftsflüchtling, ein akademischer Arbeitsmigrant, für den es im teuren Vaterland keine Stelle gab, jedenfalls keine, die ich gerne angenommen hätte. Zwar ist es so, dass ich sehr genau angeschaut wurde, als ich nach Deutschland kam – Stellen, die an Philosophen vergeben werden, sind speziell. Aber warum sollte nicht jeder versuchen dürfen, dort sein Glück zu machen, wo es klappen könnte? Sicher sollte man potentielle Terroristen nicht einreisen lassen, blosse Sozialsystemprofiteure auch nicht.

Versuchen sollte es meiner Meinung nach ja jeder dürfen! Er sollte nur genauso aufmerksam angesehen werden, wie Du es anscheinend wurdest.

Aber was mich an der ganzen Debatte stört, ist die defensive Verbiesterung. Als ob den Hiesigen in erster Linie etwas weggenommen würde. Während wir doch, im wortwörtlichen Sinne, Kapital schlagen könnten aus einer Vielzahl derer, die dieses Land attraktiv finden, arbeiten wollen, etwas aufbauen wollen. Was mich stört, ist das geringe Vertrauen in die gewaltige Absorbtionskraft unserer Kultur und in die gewaltige Assimilationskraft unserer Gesellschaft. Ich beispielsweise bin nach 20 Jahren schon ziemlich vollständig verdeutscht. Diese Kultur verträgt nicht nur viel, sondern kann sich immens viel zu eigen machen, aufsaugen, ummünzen. Da würde mehr Gelassenheit Wunder wirken.

Von Basel aus übern Rhein nach Freiburg, wie Dich Dein Leben geführt hat, das mag mit einer Menge unverhoffter Stolpersteine versehen sein, ist aber eine überschaubare Strecke. Wer über die Grenzen Europas hinausreist, fühlt es sofort im Alltag, daß hier anderes aufgebaut wurde. Nichts a priori Schlechteres, aber doch grundsätzlich anderes.

Ich erlasse Dir die Details der 10 Jahre, die zwischen dem Verlassen Basels und dem Ankommen in Freiburg lagen – knapp anderthalb Jahre außerhalb Europas waren auch dabei. Ein Odysseus wurde ich trotzdem nicht. Was Du sagst, klingt mir ein bisschen vage. Was ist für Dich jenseits der Grenzen Europas so anders?

Das ist in jedem Land verschieden, in jeder Kultur. Was die Gestaltung des öffentlichen Raums betrifft, fällt es einem sofort ins

Auge; was die oft noch recht rigid praktizierten Regeln des familiären, aber auch des gesellschaftlichen und erst recht des geselligen Zusammenseins betrifft, braucht man ein Leben, um sie in all ihren Feinheiten zu begreifen und sich entsprechend »richtig« zu verhalten. In vielen dieser Kulturen gab es ja keine Aufklärung, noch nicht mal Aufklärung 1.0, die uns in der westlichen Welt den Weg zu einem interkulturellen Miteinander geebnet hat; es gibt dort hingegen nach wie vor tief verinnerlichte Vorschriften, deren Übertretung nicht toleriert wird: das Verhalten von Frauen im öffentlichen Raum betreffend oder Ehre und Familienehre, den Umgang mit dem Heiligen ...

... der eine Witzelei darüber als Gotteslästerung empfindet ...

Wir tun das gern achselzuckend ab und glauben, für die einzelnen Vertreter dieser Kulturen sei es mit dem Eintritt in unsre Gesellschaft abgetan. Die Werte *ihrer* Kultur, die Gesellschaftsstruktur, die sie bedingen, wie auch der Haltung, die sie fordern, sind nichts a priori Schlechteres als die unseren. Jedoch nicht unbedingt kompatibel mit dem, was unser bisheriges Zusammenleben einigermaßen liberal strukturiert hat. Das muß man wissen, wenn man von »Absorptionskraft« spricht – oder noch eine Spur deutlicher von »bunter Gesellschaft« und dem »Miteinander der Kulturen«, von »Globalisierung« und dem Anbruch eines »postnationalistischen Zeitalters«. Als ob sich innerhalb weniger Jahre überwinden ließe, was über Jahrtausende gewachsen ist! Aber bitte versteh mich richtig: Nicht zuletzt aufgrund dieser *Unterschiede* der Kulturen bin ich ein notorisch Reisender, und wenn ihre Vertreter nun zu uns kommen, empfinde ich es primär als Bereicherung.

Dass Grenzen bei der Selbstkonstitution wichtig sind, sei es als Staat, sei es als Gesellschaft, sei es als Person, bestreite ich nicht. Absorptionskraft bedeutet nicht einfach Buntheit, sondern auch ein Abschleifen der Gegensätze. Jedoch sind Grenzen variabel, flüssig. Du beschwörst jetzt die nationalen Grenzen.

Moment mal, ich beschwöre die *europäischen* Außengrenzen! Wenn wir als Deutsche im Sommer 2015 so getan haben, als könnten wir über die Öffnung unsrer nationalen Grenzen im Alleingang entscheiden, haben wir gezeigt, daß wir das Projekt Europa noch gar nicht begriffen haben – die Verantwortung, die man als Mitglied stets auch für alle anderen trägt. Oder, noch schlimmer, daß wir geglaubt haben, über dieses Projekt *bestimmen* zu können – als ob Binnengrenzen in Europa beim Thema Migration nicht auch immer gleichzeitig Außengrenzen sind.

Aber wie gehst Du damit um, dass ganz viele Grenzen gefallen sind: Informationsgrenzen, Warengrenzen, Geldgrenzen. Man muss sehr genau hinschauen, welche Grenzen noch nützlich, noch brauchbar sind. Ein flexibles Grenzregime, wie das neudeutsch wohl heisst, scheint mir ein Gebot politisch-ökonomischer Klugheit.

Werfen wir versuchsweise mal einen Blick auf den positiven Aspekt der Grenze: Als Reisender ist es immer wieder beflügelnd, eine Grenze zu überschreiten und damit Einlaß zu bekommen in eine andere Welt, die man sich von seinem Reiseland erhofft. Ich bin zu sehr Kosmopolit, als daß ich dem Gedanken der Globalisierung etwas abgewinnen könnte; Grenzen, Grenzüberschreitung, Erfahrung des ganz oder auch nur teilweise Anderen und das Zurücklassen des Eigenen hinter einer Grenze gehören für mich zu den kostbarsten Geschenken, die uns die Welt gemacht hat. Sofern wir behutsam damit umgehen, versteht sich, und uns überall nur als Gäste verstehen, die zum Staunen und Lernen gekommen sind – um nach einer gewissen Zeit über die Grenze zurück ins Eigene und Vertraute zurückzukehren. Natürlich sind die Erfahrungen, die ein Reisender mit Grenzen macht, kategorisch andere als die des Flüchtlings – wir kommen sicher gleich darauf zurück. Ich möchte nur mal kurz den Begriff »Grenze« von dieser seiner Kehrseite beleuchten, die einen gewissen Reiz hat und Verlockungen bereithält, mitunter auch Schauder, die der Zuhausegebliebene kaum ahnen kann. Sobald ich von einer Reise wieder ankomme – nicht unbedingt in Deutschland, sondern irgendwo in Mitteleuropa –, empfinde ich das Glück, das eine Reise erst vollendet: nämlich zu wissen, wo ich zu Hause bin, wo meine »Heimat« ist, meine europäische Heimat – schon wieder ein Begriff, den man keinesfalls den Rechten überlassen sollte.

Dein Reisen ist allerdings wie mein metapolitisches Schweben über den Unappetitlichkeiten des Daseins auch eine Erfahrung, die man sich leisten können muss. Wer reist, kann Grenzen und Grenzüberschreitungen als lustvoll erleben und sich eines Tages wieder wohlig ins Eigene zurückkuscheln. Du sagst es ja selbst, das ist nicht die Erfahrung von Grenzüberschreitern aus Not. Derjenigen, die in Ceuta die Grenz- *zäune stürmen, weil sie sich im dahinterliegenden Europa eine bessere Zukunft versprechen. Wir beide, Du und ich, können ein ästhetisches Verhältnis zu den politischen Grenzen einnehmen, weil sie für uns keine existenziellen Grenzsituationen mit sich bringen: Im schlimmsten Fall lässt man uns irgendwo nicht einreisen und dann nehmen wir eben das Flugzeug zurück. Ganz anders bei denjenigen, die nicht an ein Zurück glauben mögen oder können. Was für diejenigen, die die Grenzregime verwalten, bedeutet, sich die Einzelfälle anzusehen.*

Kamel – Löwe – Lemming

Genau darum geht es mir: Nur wer sich abgrenzt, kann sich auch von Herzen öffnen und jemanden wirklich an- und aufnehmen. Alles andere ist achtloses Gewährenlassen. Man muß und darf sich jeden genau ansehen, der mit uns leben will. Nicht mehr, aber auch nicht weniger – genau hier liegt das Problem. Wir Deutschen neigen zur Übertreibung ...

Auch zur Übertreibung im Ernst ...

... wir haben eine fatale Unfähigkeit, die von mir immer wieder beschworene Mitte zu finden. Wir klatschen, wenn ein ganzer Sonderzug voller Flüchtlinge im Münchner Hauptbahnhof einfährt, sind aber kaum bereit, uns substantiell mit Einzelschicksalen zu beschäftigen. Wir wollen Weltmeister in Liberalität und nebenbei in Wiedergutmachung sein, nicht zuletzt wollen wir von den anderen als solche wahrgenommen werden! Wollen mit den Bildern, die wir vor der Welt abgeben und die wir in die Welt senden, möglichst viele »Likes« erhalten. Was sich da so human gibt, ist zumindest *auch* ziemlich egoistisch. Um das zu erklären, muß ich etwas weiter ausholen: Noch vor einem halben Jahrhundert waren für das Gros der Menschen die verschiedenen Rollen, die sie im Leben einzunehmen hatten, ziemlich genau vorgegeben – die Rolle in der Familie, im Beruf, in der Gesellschaft –, und die meisten versuchten mehr oder weniger klaglos, diese ihre Rollen redlich zu erfüllen. Dorthin zurück, glaube ich, wollen zur Zeit überall auf der Welt nur die Rechten, sie wollen eine Haltung wiederbeleben, die sich in Europa fast schon völlig verflüchtigt hat. Mit dem Siegeszug des Individualismus in der zweiten Hälfte des 20. Jahrhunderts hat sich unser Rollenverständnis, unsre Haltung, grundsätzlich verändert: Wir versuchen, uns innerhalb der traditionell vorgegebenen Werte *selbst* zu orientieren, unsre *eigene* Rolle zu finden, unsre *eigne* Moral, und sie authentisch zu verkörpern – aus dem »Kamel« ist ein »Löwe« geworden, um die Metapher aus dem »Zarathustra« zu verwenden.

Der Individualismus scheint mir zwar kein derart junges Phänomen zu sein, aber lassen wir das mal so stehen. Was hat das nun mit den klatschenden Leuten am Münchner Hauptbahnhof zu tun?

Durch den Siegeszug von Internet und sozialen Medien mitsamt den Veränderungen der klassischen Medienlandschaft, die sich daraus ergaben, hat sich unsre Haltung ein weiteres Mal gewandelt: Die allerwenigsten sind noch Freigeister und Selbstorientierer, die Mehrzahl der »Individuen« guckt neuerdings wieder permanent auf die Masse, die sich freilich zur Wohlfühl- und Konsensgesellschaft gemausert hat. Selbst diejenigen, die sich zur geistigen Elite zählen, registrieren immer ganz genau, welchen Ton die Elite insgesamt gerade vorgibt und passen sich an. Ihre Haltung hat nurmehr eine Authentizität zweiten Grades und ist vor allem Ausdruck der Schwarmintelligenz. Aus dem

»Löwen« ist ein »Lemming« geworden, um die Metapher weiterzuspinnen; wir sind – leider auch innerhalb der Eliten – von Lemmingen umgeben und selber Lemming. Unsere Handlungen oder Wortmeldungen zielen immer *auch* auf Selbstdarstellung innerhalb der eignen Peergroup, die den einzelnen dann mit anerkennendem Feedback belohnt. Der Subtext der berühmten Szene am Münchner Hauptbahnhof war, den Guten auf der Welt zu zeigen, daß wir wirklich keine Nazis mehr sind, sondern, im Gegenteil, genauso gut wie sie.

Ich weiß nicht, ob Löwen weniger auf Selbstdarstellung aus sind als Lemminge; als soziale Rollenvorbilder scheinen sie mir ohnehin nicht so recht geeignet. Und was die Hauptbahnhofszene angeht: Wäre es wirklich schlimm, wenn sie diesen Subtext in der Welt sichtbar gemacht hätte? Spät genug!

Aber das hatten die Deutschen ja schon jahrzehntelang immer wieder gezeigt, nicht zuletzt als Reiseweltmeister. Fast jeder, der im Ausland Urlaub machte, mühte sich, dort das Bild des »neuen«, besseren Deutschen abzugeben. Wir wollten wieder geliebt werden; und tatsächlich wurden wir in den entsprechenden Umfragen seit Jahren fast überall auf der Welt zu den beliebtesten Touristen gewählt. Aber zurück zu den Lemmingen, zurück zu uns heute und hier: An die Stelle der *tatsächlichen* Authentizität ist *Darstellung* von Authentizität getreten, aus dem tatsächlich freien Denken ist Unterwerfung unter die Likes und Dislikes der Referenzgruppe geworden, immer in Sorge, ob wir hoffentlich auch nicht von den Falschen geliked werden. Wir gelten ja nur dann als gut, wenn wir *ausschließlich* von den Guten für gut gehalten werden, um hier einmal Platons Diktum weiterzudrehen. Insofern wir diese Haltung dazudenken, gewinnt das Reden über Grenze und Grenzöffnung einen herberen Beigeschmack.

An die tatsächliche Authentizität vermag ich nicht recht zu glauben, auch daran nicht, dass wir erst, wie Du meinst, zu Lemmingen geworden sind, nachdem wir schon ein gutes Stück Weg zum Löwe-Sein zurückgelegt hatten. Ungeachtet der Vermutung, dass wir vermutlich sowohl den Löwen als auch und vor allem den Lemmingen Unrecht tun:

Menschen sind Wesen, die ihr Verhalten stets in der einen oder anderen
Weise auf ihre Gattungsgenossen abstimmen – manche mehr, manche
weniger. In der Tat, und das scheint mir entscheidend, waren die Rol-
lenmuster vor gar nicht langer Zeit ziemlich fest vorgegeben und da-
mit die Orientierung an anderen – nämlich jenen, die dieselbe Rolle
schon ausfüllten – erste Menschenpflicht. Diese Rollenpflichten haben
sich verflüchtigt – und entsprechend verstärkt hat sich der Zwang, zu
schauen, was andere machen, um seine eigene Rolle zu bestimmen. Ei-
gentlich kein Grund, kulturkritisch Trübsal zu blasen.

Wer bläst hier Trübsal? Das genau wäre der Standardvorwurf all
jener, die dann auch gleich das Schlagwort vom »Untergang des
Abendlandes« bemühen, ohne von Spenglers Werk mehr zu kennen als seinen Titel. Wer Nietzsches »Fröhliche Wissenschaft«
gelesen hat, betreibt ja selber *fröhliche* Kulturkritik. Mit aller Lei-
denschaft, aber ohne Miesepetrigkeit.

Ja, Dein Glaube an die anhaltende Veränderungsfähigkeit unserer Kul-
tur bewahrt Dich wohl davor, in ein allgemeines Untergangslamento
einzustimmen. In ein Lamento, das mir, der ich in der besten aller bis-
her möglichen Kulturen zu leben glaube, ohnehin gänzlich fernliegt.
Aber vorhin hast Du erwähnt, es gebe da auch etwas Zynisches in un-
serem Umgang mit Flüchtlingen?

Was Europa sein will, und was es ist

Das Zynische daran ist unsere stereotype Beteuerung, Europa
dürfe nicht zu einer Festung werden. Hinter den Kulissen alles
zu befördern, daß es tatsächlich eine Festung wird, ist das eine;
es auch öffentlich zu vertreten, das andere – wir wissen ganz
genau, wieviel Ärger man sich damit einhandelt, und überlassen es lieber den Staaten, die an den Außengrenzen der EU liegen. Tatsächlich sehen wir regelmäßig Videos aus Melilla oder
Ceuta, nämlich von den sechs Meter hohen Stacheldrahtzäunen,

mit denen diese spanischen Enklaven in Marokko umgeben sind. Und sehen Hunderte afrikanischer Jugendlicher, die sie bestürmen, zum Teil auch überwinden. Es *ist* die Erstürmung einer Festung, die Europa in der Weltöffentlichkeit nicht sein will und die deshalb auch nicht verteidigt wird.

In der Schweizer Armee war ich lange Zeit als Werkschutzsoldat bei den Festungstruppen eingeteilt, und ich kann Dir versichern, dass Festungen stabiler sind als sie scheinen. Aber in der Sache ist die Rollenverteilung vielleicht gar nicht so übel: Wir können uns als Privatpersonen in unserer moralischen Überlegenheit sonnen, weil wir «für Flüchtlinge» sind, und lassen staatliche Akteure die unangenehme und schmutzige Arbeit der Zurückweisung und «Rückschaffung» machen, auf die selbst asylpolitische Tugendbolde insgeheim angewiesen sind. Das mag schizophren sein, zugleich ist es jedoch nützlich in einer funktional ausdifferenzierten Gesellschaft, wo die Sphäre der Hypermoral von der Sphäre der Realpolitik getrennt sein darf.

Ist nicht auch das zynisch? Und die deutsche Überheblichkeit, mit der wir die Welt zum Besseren bekehren wollten, zumindest moralisch zweifelhaft? Als ob man das Problem nicht auch etwas umsichtiger hätte angehen können, um es *langfristig* und vor allem mit unseren europäischen Partnern *gemeinsam* zu lösen. Die Welt will sich von uns nicht bekehren lassen, das zeigt die große Beunruhigung überall in Europa, zeigt die Distanz fast aller Nachbarstaaten zu Deutschland, seitdem wir unsre Grenzen im Alleingang geöffnet haben. Klar, das Votum für den Brexit hatte unterschiedliche Ursachen; eine ganz entscheidende war Merkels «Wir schaffen das», die mächtigen Bilder, die daraufhin um die Welt gingen und auch bei den britischen Wählern zu irrationalen Befürchtungen geführt haben.

Ich halte die deutsche Haltung oder Nicht-Haltung keineswegs für derart weltbewegend, dass die Politik der Kanzlerin mehr als nur zeitweiligen Ärger in manchen anderen Hauptstädten verursacht hätte. Dass der Brexit viel damit zu tun hätte, halte ich für ausgeschlossen – die EU und Westminster haben gemeinsam schon hinreichend und mit sehr langem Atem dafür gesorgt, vielen Briten das gemeinsame Europa zu verleiden. Da Deutschland bekanntlich keine EU-Aussengrenzen hat, ist auch die deutsche Grenzöffnungspolitik von 2015 eigentlich ein rein innenpolitisches Problem, denn die entsprechenden Migranten, die die deutschen Grenzen passierten, waren schon in Europa und hätten nach dem Dubliner Abkommen ja im europäischen Erstankunftsland ein Asylverfahren bekommen müssen. Hätte Deutschland darauf bestanden und alle an den eigenen Grenzen zurückgeschickt, wäre der Ärger innerhalb der EU noch viel grösser gewesen. Jetzt konnte man Deutschland achselzuckend die Migranten überlassen und sich (wie es die Visegrád-Staaten dann auch taten) flüchtlingsfrei halten.

Nigel Farage, der Anführer der »Leave«-Kampagne, hat nicht zufällig eine Woche vor dem Referendum – da lag die »Remain«-Fraktion noch knapp vorn! – seine Kampagnen-Fahrzeuge mit dem Photo des gewaltigen Flüchtlingsstroms plakatiert, der sich 2015 an der kroatisch-slowenischen Grenze staute, darüber das Schlagwort »Breaking point« und darunter die simple Botschaft »We must break free of the EU and take back control of our borders«. Auch wenn die Verarmungs- und Abstiegsängste der Briten ursprünglich mit der freizügigen Migration *innerhalb* der EU zu tun hatten, dieses Photo hat unzweifelhaft zum hauchdünnen Sieg der »Leave«-Kampagne beigetragen.

Dass die Brexit-Abstimmung vom Flüchtlingsthema mitbestimmt war, stelle ich nicht in Abrede, nur bezweifle ich, dass dabei die deutsche Politik die Hauptrolle spielte. Der im Abstimmungskampf anscheinend instrumentalisierte «Flüchtlingsstrom» staute sich nicht an der deutschen, sondern an der kroatisch-slowenischen Grenze, ganz ohne Zutun der Kanzlerin. Dass man wiederum auch gute Gründe haben kann, ein gemeinsames Europa nicht zu wollen, und die Exit-Voten nicht einfach nur und in jedem Fall irrational waren, sollte man bei alledem nicht vergessen: Nationalstaatlicher Souveränitätsverlust und supranationale Regelungswut, intransparente und undemokratische EU-Entscheidungsgremien, ein Europäisches Parlament, das keine eigenen Gesetzesinitiativen einbringen kann und daher aus der Sicht mancher Mitglieder des House of Commons wie die Karikatur eines Parlamentes am Gängelband der Europäischen Kommission anmuten muss – all das kann einem die EU schon madig machen. Sich hier zu

widersetzen, empfinden viele Briten als ein Gebot der Haltung, nicht
nur der arroganten stiff upper lip, für die sie berühmt sind.

Natürlich war man in England schon immer europaskeptisch, nicht umsonst sagt man dort, man reise *nach* Europa, wenn man meint, daß man aufs europäische Festland fährt. Interessanterweise wird in den Medien oft abgestritten, daß die Angst vor der Migration eines der entscheidenden Motive gerade auch der englischen Mittelklasse war, für »Leave« zu stimmen. Wohingegen in den sozialen Medien gerade diese Meinung massiv vertreten wird. Man ist sich also noch immer uneins darüber, welche Haltung hinter einer bestimmten Meinung – Brexit Ja oder Nein – stand.

Aber wir beide standen eigentlich gerade am Münchner Hauptbahnhof,
haben geklatscht – und damit Signale in die Welt gesendet.

Unsre Willkommenskultur hat uns Claqueure auf der ganzen Welt beschert, aber unsre engsten Freunde und Nachbarn verärgert, verängstigt und vor einer gemeinsamen Zukunft mit uns gewarnt. Nun hat sich sogar Dänemark, eines unsrer Lieblingsnachbarländer, mit einem Zaun von Deutschland abgegrenzt – was wir uns an Offenheit gegenüber Afrika und Asien leisten, müssen wir mit einer zunehmenden Abriegelung der europäischen Länder untereinander bezahlen. Grenzen erleben jetzt überall auf der Welt ihr Comeback, selbst zwischen Österreich und Deutschland, ob uns das gefällt oder nicht. Wenn wir sie nicht selber schützen wollen, werden es andre für uns tun.

Europa als Gemeinschaft hat ganz andere Probleme als die – einst – li-
berale Flüchtlingspolitik der Kanzlerin. Weder wird an den Deutschen
die Welt genesen, noch sind sie irgendwie schuld am möglichen Schei-
tern Europas. Dessen eigentliches Hauptproblem ist, wie gesagt, das
fundamentale Demokratiedefizit. Grenzen halte ich dabei für ein nach-
geordnetes Problem.

Für ein nachgeordnetes Problem wird es allerdings oft und breit diskutiert! Ich plädiere übrigens keineswegs für geschlossene Grenzen. Mir geht es um die Frage, wie sich ein europäisches

Hoheitsgebiet definieren läßt, und um die Art und Weise, wie der Grenzverkehr geregelt wird. Das Thema Grenze begleitet doch die gesamte Geschichte der Menschheit: nicht etwa nur in staatsrechtlicher, sondern auch in symbolischer Hinsicht und nicht zuletzt als wesentliches Konstitutivum einer jeden Haltung – mit moralischer Grenzziehung fängt diese doch ganz eigentlich an, oder nicht? Um am Ende in der Verantwortung zu münden, innerhalb der gezogenen Grenzen gewisse Werte umzusetzen beziehungsweise zu verteidigen, und ich meine ganz ausdrücklich *nicht* irgendwelche Werte einer von wem auch immer verordneten Leitkultur.

Das mit den Werten lassen wir lieber – die gehören zu jenem Abgrund, der in Dich hineinblickt, wenn Du zu lange in ihn blickst. Dass Abgrenzung hingegen konstitutiv ist, versteht sich von selbst. Lebenspraktisch klug kann es allerdings sein, die Grenzen immer wieder einmal neu zu vermessen und die Abgrenzungspolitik zu überdenken. Im Politischen sind wir dazu nicht so leicht bereit.

Haltung hängt jedenfalls ganz eng mit Grenzziehung zusammen. Weil es uns nämlich viel leichter fällt, uns *gegen* etwas zu erklären als *für* etwas. Insofern wäre Grenzziehung ein erster Schritt, um sich zu positionieren – und bei vielen bleibt es bei der bloßen Abgrenzung. Man findet dann Gleichgesinnte, indem man sich seiner wechselseitigen Ablehnung von »denen da oben« oder »denen da draußen« versichert, und Prost. Dabei weiß man de facto fast gar nichts darüber, was der andere tatsächlich befürwortet und vertritt, für was er aktiv eintreten würde, wenn's zum Schwur käme. Man verständigt und verbrüdert sich aufgrund einer Haltungschimäre! Das nützen totalitäre Ideologien bekanntlich, um im Sog der »alle vereinenden« Ablehnung ihre eigentlichen Ziele zu befördern.

Es scheint geradezu ein Universalsatz mit entwicklungspsychologischem Akzent zu sein: Identität bildet sich durch Abgrenzung. Ich werde, was ich bin, dadurch, dass ich mich von anderen und anderem abgrenze. Und damit sind Konflikte unvermeidlich.

Abweisung, Abwehr, Abkehr ist ein erster Reflex, aus dem sich bei anhaltender Beschäftigung mit dem Thema eine eigene Haltung gewinnen läßt. Man muß nur nach Afrika oder Asien fahren, um beim Passieren einer Landesgrenze wieder mal in die Mündung einiger Maschinengewehre zu blicken – eine solch martialische Grenze will man natürlich nicht! Aber welche dann? Immerhin erinnert man sich jetzt voller Schrecken, daß sich eine Kultur, eine Gesellschaftsform, eine Art des alltäglichen Miteinander-Lebens überall auf der Welt nur durch intakte Grenzen aufrechterhalten läßt. Und kann, wachgerüttelt durch die Drastik der Szenerie, vielleicht in Europa beitragen, Schlimmeres zu verhindern – die Aufrüstung unsrer Grenzen zu einem weltanschaulich wie militärisch gesicherten Festungswall. Weit davon entfernt sind wir an der ungarischen Grenze nicht mehr. Selbst unser demokratisches Vorbild, die USA, hatte immer weit striktere Grenzkontrollen als wir, jahrzehntelang haben wir als Touristen darüber den Kopf geschüttelt. Gerade eine liberale Haltung braucht jedoch den Schutz der Grenzziehung, um souverän zu bleiben – das Pathos der Distanz, um die populistische, islamistische, paternalistische Zudringlichkeit autoritärer Strukturen zu bannen.

Darf ich Dich daran erinnern, dass in Europa bis 1914 so etwas wie Grenzkontrollen ganz unüblich waren – und man damals etwa wie Herr Nietzsche mit einem längst abgelaufenen Pass (einer Stadt, in der er nicht einmal Bürger war) kreuz und quer durch Europa reisen konnte, ohne je kontrolliert zu werden. Eine Grenze ist mitnichten eine Grenze. Dass wir sie nicht gänzlich preisgeben sollten, ist eine Binsenweisheit, ebenso, dass jeder – auch ein Krimineller – über eine Grenze kommt, wenn er unbedingt will. Mir scheint, dass die Balance zwischen Abweisung und Offenheit zumal innerhalb des Schengen-Raumes im Prinzip ganz gut funktioniert. Und wer soll denn eigentlich «souverän» bleiben in Deiner Grenzpolitik? Eine Bundesrepublik Deutschland, die schon viele traditionelle Souveränitätsrechte nach Brüssel abgegeben hat?

Ich meine, wie immer beim Thema Grenze, die EU.

Und was meinst Du mit «souverän»? Mir scheint jedenfalls die Verfüh-
rungskraft des westlichen, liberalen Lebensstils gross genug, um Auto-
ritäre, Fundamentalisten jedweder Couleur in Versuchung zu führen.
Kurz und erneut: Ich glaube, dass unsere Kultur ein gewaltiges Poten-
tial hat, sich Fremdes zu assimilieren. Ja, ich weiss, Ethnopluralisten
und Multikultis meinen, so unterschiedlich sie sich auf der politischen
Skala verorten, Kulturen seien etwas Heiliges, Unberührbares, Eigen-
ständiges. In Wahrheit ist jede Kultur ein grosses Mischmasch, nur
eben jeweils unterschiedlich gemischt. Daher ist auch Assimilation
nichts Böses. Sie geschieht in unterschiedlichste Richtungen, wenn das
Umfeld hinreichend attraktiv und offen ist. Mir ist, Du siehst es, noch
nicht bange um die liberale Möglichkeitskultur.

Haltung als Selbstbehauptung

Aber nun kommst Du mit Binsenweisheiten! Natürlich müssen
sich Kulturen immer wieder neu vermischen, und gerade die
deutsche hat daraus großen Reichtum gewonnen, wer würde
das bestreiten. Wir beide differieren doch nur in der Einschät-
zung von Tempo und Ausmaß dieses Erneuerungsprozesses;
dabei spielen Grenzen als Steuerungsinstrument seit eh und
je eine Rolle, lediglich darauf wollte ich insistieren. Im übrigen
habe ich den Verdacht, daß Dein gelassener Skeptizismus nur
funktioniert, weil er durch den mitzudenkenden Rahmen eines
Schwarzwalddorfes gestützt (ich sage bewußt nicht »abgegrenzt«) wird. Ich meine das *nicht* polemisch! Im Gegenteil, ich
beneide Dich darum. Der Ort des Denkens prägt die Gedanken
mit, die Haltung des Denkers ist dadurch in weiten Teilen – nein,
nicht vorgegeben, aber doch nahegelegt. Dieses Schwarzwald-
dorf scheint Dein ganz eigener »Safe Space« zu sein – das Wort
hast Du eingangs gebraucht –, nämlich weniger das konkrete als
das mentale Dorf. Es ermöglicht Dir ein souveränes Denken, selig in sich selbst, wie die Lampe in Mörikes berühmtem Gedicht.
Ich will Dich auf keinen Fall damit als Biedermann abtun! Aber

im Vergleich zu Dir komme ich mir doch eher als Getriebener vor, der in seiner habituellen Ortlosigkeit weit mehr der festen Entitäten und eben auch deren Grenzen bedarf. Weil ich etwa die Hälfte des Jahres irgendwo auf der Welt unterwegs bin, weil ich mich dort überall neu – und übrigens gern – auf klare Spielregeln und Verhaltensmuster einlassen muß, weil ich in fremden Gesellschaften also überall ein strengeres moralisches Regime erfahre als zu Hause, erlebe ich immer wieder, daß die Welt nicht so funktioniert, wie ich sie mir gern vorstellen würde. Der Reisende urteilt anders über Heimat als derjenige, der sie in solch beneidenswerter Form wie Du immer um sich hat. Der Reisende *bedarf* der Heimat mehr, weil er sie über weite Strecken nurmehr als Heimweh kennt, weil sich sein Fernweh ohne Rückkehr zum Vertrauten in Haltlosigkeit auflösen würde. Und selbstverständlich macht er sich auch andere Gedanken über die Fremde – er wird begeisterter darüber reden, als es ein Zuhausgebliebener könnte, aber auch skeptischer als er. Vielleicht lassen sich Haltungen tatsächlich danach rubrizieren, ob sie ersessen oder ergangen oder erreist sind?

Ich bekenne gern, dass ich auch mental ein Dörfler bin und noch nie begriffen habe, was die Leute an Städten finden können. Die Urbanitätsfixierung der Moderne ist nichts weiter als eine neurotische Erkrankung: Die Stadt als Ort des Zerstreuens, des Zerbröselns, des Zersetzens raubt den Menschen die letzten Nerven, die sie bräuchten, um Haltung zu bewahren. Die Stadt als Ort, um Fassung und Haltung zu verlieren, die «panische Stadt», um mit Paul Virilio zu reden. Auch Mörikes Lampe braucht eine Fassung, egal, in welchem Sinne sie selig in sich selbst «scheint» – das reale oder das imaginäre Dorf als Lebensraum ist dafür der idealtypische Nährboden. Was wiederum nicht bedeutet, dass ich nicht gelegentlich gerne auf Reisen gehe, durchaus auch einmal ein Jahr in einer so entspannten Grossstadt wie München leben kann. Es handelt sich dabei sozusagen um ein experimentelles Die-Fassung-Verlieren, tage-, monats- und probeweise, im Wissen darum, dass der Normalzustand die Fassung ist oder die Haltung – und dass die nicht im urbanen Wirrwarr zu finden ist. Die generelle Frage, die ich beim Reisen habe, ist dabei die: Wie viel Selbstbehauptung, Eigensein ist dem Reisenden möglich und dienlich, ohne dass er

sich immun macht gegen die Erfahrungen der Fremdheit und Selbst-
preisgabe, derentwegen er sich doch eigentlich auf Reisen begeben hat?

Das ist eine der Kernfragen des Reisens. Natürlich sollten wir uns
als Reisende an die Vorgaben halten, die uns ein fremder Kontext
aufzwingt. Mitunter wird die Flexibilität unsrer eignen Haltung
dabei bis an die Grenze ihrer Belastbarkeit ausgetestet. Beispielsweise wenn wir miterleben, wie »brutal« Tiere in Asien geschlach-
tet werden. Oder wie man dort mit Kindern umgeht, mit Frauen,
mit Vertretern anderer Ethnien, auch wenn sie sich seit Jahrhunderten mit den »eigentlichen« Einheimischen vermischt haben
sollten und auf den ersten touristischen Blick ein »wunderbares
multikulturelles Miteinander« darstellen. So manches im fremden Alltag läuft auf eine brüske Kontrastierung unserer – westlichen – Vorstellung vom guten Leben hinaus; und wo sich die
Fremde aufgrund der Globalisierung diesen Standards angenä-
hert hat, beispielsweise in China, empfinden wir sie längst nicht
mehr als so faszinierend wie zuvor. Als ob die Brüskierung des Eigenen ein wesentlicher Reiz der *fremden* Fremde zu sein scheint;
erst vom sicheren Terrain der Heimat finden wir rückblickend
vielleicht eine Haltung dazu. Wollten wir überall auf unseren
Maßstäben insistieren, könnten wir nicht mal mehr nach Polen
oder Spanien reisen, wo bekanntlich ein ganz anderer Umgang
zwischen den Geschlechtern kultiviert wird als bei uns. Lehrreich
ist das allemal, und als Perspektivist wird man jede Gelegenheit
ergreifen, um die eigene Haltung zu überprüfen und gegebenen-
falls nachzujustieren. Wohingegen der, der auf seinen Überzeugungen auch dort beharrt, wo man sie zumindest lächerlich findet, ständig Haltungsdiskussionen führen müßte, die er nicht
gewinnen kann. Übrigens müßte er sich nicht selten auch über
andere Reisende echauffieren, die gewisse touristische Hotspots
in der dazu passenden Leihkleidung besichtigen, im Kimono, Sari
oder Dirndl. Was den Genuß des Fremden für sie noch steigert,
wäre für ihn eine unstatthafte »kulturelle Aneignung«.

Mit welch pharisäischem Dünkel man heute «cultural appropriation»
verbieten will, wäre eine eigene Diskussion wert. Natürlich wirkt
die abgefahrene Amerikanerin affig, die sich in Kyoto als Geisha he-

rausputzt – für 8000 Yen ist man dabei, samt Frisur und Schminke. Aber die eben volljährig gewordenen Japanerinnen, die zum ersten und einzigen Mal im Kimono – Tagesmiete 3000 Yen – durch die alten Schreine und Tempel wandeln, haben auch nur ein spielerisches Verhältnis zu jener kulturellen Tradition, die angeblich ihre eigene ist. Warum nicht? Kultur ist auch immer Maskerade ...

Übrigens sind das meist gar keine Japanerinnen, sondern chinesische Touristen! Problematisch wird es, wenn wir von den Einheimischen – nein: es sind nicht *die* Einheimischen, es sind immer nur ein paar ihrer übelsten Vertreter – als Fremde bewußt herausgefordert werden, sei's durch Verhöhnung, Belästigung oder körperliche Nötigung. Viele Reisende wissen, in welchen Ländern hier traurige Maßstäbe gesetzt werden. Wer die europäischen Standards dort nicht verteidigt, also selbst in kritischen Situationen Respekt vor der Würde des anderen einfordert, obwohl dieser andere ja »nur« er selbst ist, der gerade getreten, bespuckt oder begrapscht wurde, der verrät seine eigene, verrät *unsre* Haltung. Denn auf Reisen sind wir, ob wir wollen oder nicht, immer Repräsentanten unsrer Kultur. Im Zweifelsfall darf man auch in der fremdesten Fremde nicht klein beigeben oder für alles Verständnis aufbringen wollen, nur weil man damit Konflikten aus dem Weg gehen oder – gerade als Deutscher – von allen geliebt werden möchte. Haltung, das ist ihre Kehrseite, über die wir vielleicht noch nicht genug gesprochen haben, *führt* geradezu zu Konflikten. Wer Haltung hat, eckt immer mal wieder damit an, im In- wie im Ausland.

... Haltung wird aus Widerstand, aus der Widerständigkeit des Wirklichen geboren, mit dem man zwangsläufig in Konflikt gerät ...

Haltung in Leitartikeln und Lichterketten zu demonstrieren, fällt uns verhältnismäßig leicht; Haltung als direkt Betroffener zu verteidigen, wo Grenzen des Anstands und des Respekts überschritten werden, ist eine ganz andere Sache. So wie die Physiotherapeutin, die mir erzählte, wie sie einem afghanischen Jungen spontan eine Ohrfeige versetzte, als er vor ihr – als einer Frau, die ihn zwar als Patient eines Krankenhauses behandeln sollte, ihm als Mann aber nichts zu sagen habe – ausspuckte. Wer hier abduckt und »versteht«, sorgt dafür, daß wir sukzessive eine andere Gesellschaft bekommen, in der andere Regeln gelten als bislang. Und in der wir plötzlich viel mehr Haltung vorgegeben bekommen und auch selber zeigen müssen als derzeit.

Womit wir bei der paradox anmutenden Situation wären, dass wir gerade unsere Haltungsfreiheit als Haltung begreifen müssen, die es auch aktiv zu verteidigen gilt. Dazu hast Du uns als anerkannter Kriegsdienstverweigerer gewiss etwas zu sagen.

Die Frage ist ja immer, wie weit und mit welchen Mitteln Haltung verteidigt wird. Wo genau der Punkt kommt, an der die berechtigte Verteidigung plötzlich ins Menschenverachtende oder gar ins Verbrecherische umkippt. Alle reden davon, daß Europa oder der Westen oder die Demokratie wieder zu alter Stärke zurückfinden müsse; sobald es jedoch konkret diskutiert wird, schrecken wir vor den Konsequenzen zurück. Da bin ich keine Ausnahme! Übrigens habe ich meinen Wehrdienst abgeleistet und erst zwei Jahre nach der Entlassung verweigert. Ganz einfach deshalb, weil ich in diesen zwei Jahren neue Erfahrungen gemacht und meine Haltung entsprechend verändert hatte. Seitdem habe ich sie noch x weitere Male verändert! Tatsächlich wüßte ich nicht, wie ich mich im Fall des Falles übermorgen entscheiden würde. Und ob ich mir angesichts der plötzlichen Notwendigkeit einer Entscheidung die Frage nach Haltung überhaupt noch leisten könnte.

Das löst die Frage nicht wirklich. Söldnerheere sind keine Alternative, mit der Europa wieder zu jener vielbeschworenen Stärke zurückfinden könnte; einer, der für eine Haltung kämpfen soll, die er gar nicht teilt, wird nicht bereit sein, sein Leben dafür hinzugeben. Aber wenn nicht mal mehr Du als Wehrpflichtiger –

Moment mal, Du hast ja auch gedient. Und nun? Hast Du als guter Schweizer Dein Gewehr im Schrank und ein Schweizer Messer in der Hosentasche? Oder glaubst Du auch im Krisenfall an die Assimilations- und Selbsterhaltungskraft des alten Europa?

Rein in die Tonne? Raus aus der Tonne?

Tatsächlich habe ich – so unsinnig mir der militärische Leerlauf oft vorkam – nie den Sinn des Militärdienstes als Milizdienst von Bürgern für Bürger bezweifelt, auf den es im Fall der Fälle ankommen könnte, wenn zivile Selbsterhaltungskräfte versagen. So oder so, Europa ist viel widerstandskräftiger und attraktiver, als es den Krisenrednern erscheint ... Dass mir freilich Örtlichkeiten lieber sind, die meine Haltung nicht derart brachial herausfordern, wie Du es von manchen Reisedestinationen berichtest, und mich also grosso modo unbehelligt lassen, versteht sich. Den dort Ansässigen liegt selbst daran, unbehelligt zu bleiben. Wie etwa den Japanern, die uns in ihrer Kultur des Abstandhaltens vermutlich viel fremder sind als all die Zudringlichen, die uns noch in den abgelegensten Winkeln dieses Planeten heimsuchen. Zugegeben, ernsthaft nötig habe ich das Reisen nicht. Die physische Sesshaftigkeit macht es mir leichter, den immer neuen Erfahrungen in meinem Kopf, für die ich keinen Meter ausser Hauses gehen muss, Herr zu werden. Reisen ist dabei eine Zugabe, die willkommen, aber bei Lichte besehen verzichtbar ist. Ob ich auch so dächte, wenn mir das Reisen, überhaupt das Herumkommen verboten wäre?

Wie bitte, Ursus, Du wählst die Luxustonne? Glaubst Du, darin Erkenntnisse zu gewinnen, die über Glasperlenspielerei hinausgehen? Was sind überhaupt »Erfahrungen im Kopf«, echte Erfahrungen oder eingebildete, und welchen Wert haben sie für andre, welche Glaubwürdigkeit? Ist die Tonne wirklich die Alternative für Erfahrungen in der wirklichen Welt, und welche Haltung zeigt man denn als Bewohner der Tonne? Läuft es am Ende nicht auf Verachtung von Welt und Mensch hinaus?

Eines Tages sollte ich ein Lob der Tonne schreiben, denn sie bietet einen idealen und privilegierten Beobachtungsposten. Wer war denn von Weisheit beseelt – der Philosoph Diogenes in der Tonne oder der grosse Alexander, der fast die ganze Welt nicht nur gesehen, sondern erobert hatte? Es tut mir leid, aber die angeblich empirischen Erfahrungen «da draussen», die wir als reisende Individuen machen können, sind oft um kein Haaresbreit «realer» als die Erfahrungen, die wir als den-

kende Individuen täglich aus unserem Kopf mit sehr wenig Input von
aussen gewinnen. Persönliche Erfahrungen «da draussen» beweisen
für den, der diese Erfahrungen nicht gemacht hat, streng genommen
rein gar nichts. Vielleicht werden sie überzeugend dargestellt, bestri-
ckend erzählt, so dass ich verführt werde, an sie zu glauben, als ob es
meine eigenen Erfahrungen wären. Aber ist das nicht ein Grund, dop-
pelt misstrauisch zu sein gegenüber dem angeblichen Beweischarakter
von «Erfahrungen», die mir so leicht aufgeschwatzt werden können?
Hätte ich denn nicht, in derselben Situation wie der Erfahrungsbericht-
84 *erstatter, womöglich eine ganz andere Erfahrung gemacht, einfach*
weil ich für den Umgang mit dieser Situation ganz andere Vorausset-
zungen mitbrächte? Wäre es da nicht besser, sich statt auf «Erfahrun-
gen» auf Überlegungen zu stützen, die jedes denkende Wesen nachvoll-
ziehen und sich aneignen kann, ohne sich vom schönen Wortgeklingel
in die Irre führen zu lassen, das «Erfahrungsberichte» so oft begleitet?

Möglicherweise hast Du mit dieser Antwort den fundamentalen
Unterschied zwischen Philosophen und Schriftstellern auf den
Punkt gebracht, den Haltungsunterschied. Aber lassen wir mal
die Philosophen, lassen wir die Schriftsteller, auch wenn ich weiterhin glaube, daß der Wert ihrer Gedanken oder Geschichten
nicht zuletzt daran bemessen werden kann, was sie den wüsten
Erfahrungen, die sie in der Welt gemacht haben, an Schönheit
der Erkenntnis oder des Satzbaus abgetrotzt haben. Nehmen wir
stattdessen die Politiker. Meinst Du nicht, ihre Politik wäre eine
andere, wenn sie tüchtig auf Reisen gegangen wären, statt sich
parteipolitisch hochzudienen, auf *richtige* Reisen jenseits des
roten Teppichs und des Staatsprotokolls? Manche unsrer zentra-
len politischen Fragen würden, da bin ich mir sicher, beherztere
Antworten finden als derzeit. Nicht zuletzt würde die vielbe-
schworene europäische Idee aufgrund außereuropäischer Reise-
erfahrungen wieder an Strahlkraft gewinnen. Nur der Reisende
kann ja halbwegs einschätzen, was diese Idee im Verhältnis zum
Rest der Welt bedeutet. Reisen würde denen die Augen öffnen,
die sich hinter ihrer nationalen Identität verschanzen, wie auch
jenen, die sich bereits im postnationalen Zeitalter wähnen.

Japan

Selbstredend habe ich nichts dagegen, angehenden Politikern umfassende Bildungsprogramme zu verschreiben, wobei mir die Spezies der Berufspolitiker (für mich ohnehin eine problematische Spezies) meist so vorkam, als würde ihnen ein Proseminar in politischer Philosophie eher auf die intellektuellen Sprünge helfen können. Dass man sich für die europäische Idee begeistern werde, wenn man ausserhalb Europas unterwegs ist, halte ich freilich für keine zwingende Folgerung. Europa
mit seiner Mischung aus Selbstgerechtigkeit, Narzissmus und heisser Luft kann einem ausserhalb Europas durchaus auch verleidet werden – wie es mir jüngst in Japan zu widerfahren drohte. Zum Thema Haltung habe ich dort einiges gelernt. Zunächst macht es den Eindruck, als sei sie den Japanern, diesen scheinbar so berechenbaren Menschen, anerzogen, aus der Bedrängnis, dass es für den Einzelnen nur wenig Raum gibt, sowohl physisch als auch psychisch. In der Tokioter U-Bahn wird für Massanzüge – «ORDER SUIT 1 week/Great Price» – Werbung gemacht. Das Bild dazu zeigt etwa dreissig Männer von hinten, alle im Anzug derselben Farbe, zumindest für den flüchtigen Betrachter ununterscheidbar. Und dafür ein Massanzug!

Aber ist Angleichung nicht der Sinn eines Maßanzugs? Also Kaschierung individueller Abweichungen vom Idealformat, Standardisierung von Figur und, nun ja: Haltung?

Der Zwang zur Konformität gründet im «on», in der Vorstellung einer initialen Verschuldung, Verpflichtung, die ich habe, allein, weil ich Mensch bin, Kind von Eltern, Untertan des Kaisers. Entsprechend lassen sich zwischenmenschliche Beziehungen in Kategorien von Schuld und Verpflichtung beschreiben. Deshalb wird Trinkgeld in Japan verabscheut: Es durchbricht die genaue Arithmetik von Leistung und Ausgleich, erzeugt eine unklare, ungefähre neue Schuld, dafür wieder etwas zurückgeben zu müssen. «On» macht Haltung, es zwingt zu Haltung. Weil man unter permanentem Bewährungsdruck steht. Das Problem des modernen Westlers hingegen ist, dass er keinen Haltungszwang mehr hat, der beispielsweise in der feudalen, vormodernen Stände- und Rollenethik noch relevant war.

Was Du hier als Problem ansprichst, ist andrerseits eine Errungenschaft: Wir dürfen uns unsre Haltung suchen, immer wieder sogar, auch wenn das manchen gar nicht so bewußt ist, weil man das Fehlen eines Haltungszwangs ja nicht spürt. Während meiner Zeit als Writer-in-residence in Osaka habe ich mitbekommen, wie stark Japaner in den diversen Rollen aufgehen, die sie im Lauf eines Tages einzunehmen haben. Das hat mir, dem Fremden, vieles erleichtert, sofern ich mich in die Rolle gefügt habe, die man stillschweigend auch mir zugewiesen hatte. Natürlich haben derart strenge Haltungsvorgaben ihre Kehrseite, nicht umsonst hat Japan eine der höchsten Selbstmordraten der Welt. Und nicht umsonst ist die Verzweiflung darüber, daß man die Erwartungen der anderen an diese oder jene Rolle nicht mehr erfüllen kann, häufig Auslöser der Tat.

Ob es wohl Zufall ist, dass der Letzte, der Seppuku nach allen Samurai-Regeln begangen hat, ausgerechnet ein politisch ambitionierter Schriftsteller gewesen ist, nämlich Yukio Mishima? Dass man Suizid auch als Kunst praktizieren, den Abgang aus diesem Leben als vollendetes Kunstwerk inszenieren kann, wenn es einem verwehrt wird, aus dem Leben ein Kunstwerk zu machen, ist dem leidensscheuen Europäer als Idee jedenfalls nicht leicht zu vermitteln – und als Wirklichkeit noch weniger.

Selbst wenn man sich abends mit Freunden traf, konnte man nicht einfach gleich ein Bier bestellen – jeder druckste herum, als ob er nicht längst gewußt hätte, was er trinken wollte, bis der Ranghöchste endlich vorschlug, »biru« zu trinken, und alle erlöst einstimmten. Dann wurden aber auch sofort die Krawatten heruntergerissen, und die Haltungsstarre ging fast übergangslos in eine erfrischende Selbstauflösung über. Ich liebe Japan, aber auf Dauer erschiene mir ein bißchen weniger Haltung immer noch Haltung genug.

Gegenüber dem europäischen Bedürfnis nach Nestwärme und dem deutschen Bedürfnis nach Kumpelhaftigkeit wirkt jedenfalls eine Kunst des Ausweichens auf engstem Raum ausgesprochen wohltuend. Japaner verzichten aufs Händeschütteln, erst recht auf demonstrative

Umarmungen, wie sie hierzulande mittlerweile sogar zwischen Män-
nern üblich sind, die sich nur flüchtig kennen. Selbst in der vollge-
pferchten Tokioter U-Bahn vermeidet man ängstlich jede Berührung;
man entschuldigt sich in allen erdenklichen Situationen, und zwar
bloss für den Umstand, dass man überhaupt da ist. Man versucht sich,
wo immer es möglich ist, aus dem Weg zu gehen – eine Haltung, von
der die nahweltsüchtigen Europäer viel lernen könnten.

Man soll einem Fremden im öffentlichen Raum ja nicht mal in
die Augen sehen. Als ich eines Morgens in die U-Bahn stieg, um
zum Start des Osaka-Marathons zu fahren, saß am andern Ende
des leeren Waggons ein Läufer, und weil das am Tag des Rennens überall auf der Welt so üblich ist, rief ich ihm einen Gruß
zu. Er erschrak, erwiderte den Gruß jedoch. Damit hatte ich eine
Grenze überschritten. Im Lauf der Fahrt füllte sich der Wag-
gon, und weil sich jeder an die Haltungsvorgaben hielt, blieb
es trotz aller Aufgeregtheit, die vor einem solchen Massener-
eignis gemeinhin herrscht, fast still. Als alle an der Station aus-
stiegen, von der man zum Start des Rennens kam, kämpfte sich
»mein« Läufer freilich erst noch mal zurück zu mir, um sich zu
verabschieden. Da war ich es, der erschrak. Aus der locker unver-
bindlichen Haltung des Westlers, der jeden beiläufig grüßt (und
gleich wieder vergißt), wurde durch den Japaner eine tatsächliche Verbindung: Nun kannte er mich, wenngleich wider Willen. Eine verbindliche Haltung schafft verbindliche Strukturen.

Sprachpurismus, Selbstzensur, Sprache hinter der Sprache

Kann man einer anderen Kultur überhaupt näherkommen, wenn man
die Sprache nicht versteht und nicht in ihr kommunizieren kann? Wie
sieht es überhaupt aus mit unserer Haltung der Sprache gegenüber –
der fremden und der eigenen?

Wir hatten das Thema schon gestreift, als es um die Emsigkeit des Zeitgeists ging, ein plötzlich als inkorrekt erkanntes und geächtetes Wort durch das englische Pendant zu ersetzen: »Farbiger« durch »Person of Colour«, »Moslem« durch »Muslim« usw. Seit einigen Jahren müssen wir ständig Vokabeln austauschen, anstelle der gängigen Begriffe wählen wir vorsichtige Umschreibungen, zum Beispiel »First Nations« statt »Indianer«. In der Art Gallery of Ontario hat man nicht davor zurückgeschreckt, Emily Carrs berühmtes Bild »Indian Church« in »Church at Yuquot Village« umzubenennen; nächstes Jahr wird man den Kindern verbieten, »Cowboy und Indianer« zu spielen.

Berühmte Kinderbücher wie «Pippi Langstrumpf» oder «Die Kleine Hexe» werden entsprechend umgeschrieben ... Mit den negativen Konnotationen der alten Begriffe treibt man leicht auch all die positiven aus, die damit einhergehen ... Ist eigentlich schon «Winnetou» verboten worden oder «Lederstrumpf»?

Das Bedürfnis nach euphemistischer Verschleierung kennt derzeit kein Pardon; was mit dem Aufkommen eines neuen Menschen- und Gesellschaftsbildes ursprünglich seine Berechtigung hatte, Stichwort Aufklärung 6.0, ist im Lauf der letzten Jahre weit übers Ziel hinausgeschossen. In dieselbe Richtung zielen sexuell korrekte Buchstabenkürzel, medizinisch korrekte Buchstabenkürzel – wenn keiner mehr weiß, was damit gemeint ist, kann sich auch keiner mehr diskriminiert fühlen. Mittlerweile ist das notorische »Innen« am Ende jedes Substantivs schon wieder obsolet, »StudentInnen« sind jetzt »Studierende«, die »Studentenvertretung« eine »Studierendenvertretung«. Was als politisch korrekt gilt, wird zwar alle paar Jahre in neuen Studien zur Gender- oder Rassismusforschung nachjustiert, nichtsdestoweniger immer erst mal im Alltag – im Alltag *meiner* Blase zumindest – mit einer Intoleranz durchgesetzt, wie ich sie bislang nur aus den 60er-Jahren kannte. Das neue Spießertum steht dem damaligen in nichts nach, im Gegenteil, mit der betulichen Doppelmoral der Erhard-Zeit hat es weniger gemein als mit dem Rigorismus des jakobinischen Wohlfahrtsausschusses. Wer die gerade angesagten Vokabeln nicht verwendet, wird als »Chauvi«

oder als »Rassist« gebrandmarkt, als »Rechter« sowieso – eine Hinrichtung, die zumindest mundtot macht. Wir leben nicht in Zeiten der Zensur, aber der Selbstzensur. Welche Haltung kann man da noch einnehmen als einer, der die deutsche Sprache liebt? Die Haltung des unglücklich Verliebten. Für mich ist es mehr als ein absurdes Theater, wenn die Schönheit der Sprache systematisch zerstört wird, eine äußere Schönheit übrigens – Wohlklang und Wortwitz zum Beispiel –, die ganz maßgeblich mit inneren Werten verbunden ist, Treffsicherheit und präziser Abgrenzung von Inhalten.

89

Deine Sorge kann ich nachvollziehen, ohne dabei die pessimistische Diagnose zu teilen. Die deutsche Sprache, die man ja gerne als privilegierte Sprache der Philosophie in Anspruch genommen hat, liegt mir ebenso am Herzen wie Dir. Aber sie ist gerade die Sprache der Philosophie und die Sprache der Dichtung, weil sie unendlich formbar ist, ein überaus feingliedriges, abschattungsreiches Instrumentarium, sowohl dem Nächstliegenden als auch dem Abwegigsten eine Stimme zu verleihen. Periodische Verformungen können ihr auf Dauer nichts anhaben. Und verbirgt sich im angeblich politisch korrekten, oft politisch eher brachialen Umgang mit ihr nicht auch eine gewaltige Chance – nicht so sehr, weil die Bemühungen um sprachliche Gerechtigkeit immerhin auch Sprachbewusstsein, ein Bewusstsein für die Macht der Sprache verraten. Sondern weil es gerade die Stromlinienförmigkeit der neuen Alltagsrede erlaubt, sich durch die eigene Art des Sprechens und Schreibens davon abzugrenzen. Unsere Stimmen – die Deine als Schriftsteller und die meine als Philosoph – werden hörbar, weil wir anders sprechen und schreiben. Da scheint mir weniger Selbstzensur gefragt – die wäre ja womöglich auch eine Haltung, die Haltung, sich in Griff zu nehmen und im Griff zu halten. Vielmehr Findigkeit, auch mit den neuen Sprachskurrilitäten listig umzugehen. Wie viele neue Reime es auf -in und -innen geben wird – von den lyrischen Gendersternschnuppen ganz abgesehen, die nach Chaos und tanzenden Sternen verlangen!

Mir geht dieser Sprachpurismus selbsternannter Sprachreiniger mittlerweile an die schriftstellerische Substanz; ich kann ihn nicht achselzuckend abtun und zur Tagesordnung übergehen.

Meine Tagesordnung *ist* die Sprache. Schon durch die fortwährende Ersetzung deutscher Vokabeln durch englische – damals ging es noch nicht um »Korrektheit«, sondern einfach darum, mit immer neuen Anglizismen möglichst *hip* zu sein – habe ich ganze Themenfelder verloren, vor allem aus den Bereichen Wirtschaft und Finanzen, Werbung, Mode, Sport ... Und bis heute kamen immer weitere dazu. Nicht daß man überhaupt nicht mehr darüber schreiben könnte! In einem journalistischen Text oder in einem Sachbuch geht es nach wie vor. Aber in einem literarischen Text kommt es nicht nur auf den Inhalt an, sondern auch – und meiner Meinung nach vor allem – auf die Sprache, in der erzählt wird, auf den Klang der Sätze, ihre Struktur, den Druck, den die Perioden aufbauen, wenn der Text zu seinem Ton gefunden hat, kurzum: auf ebenjene Schönheit der Sprache, die der Text auf seine Weise in Szene setzt. Nun »zerschießen« mir all die neu dekretierten Pflichtvokabeln den Fluß und den Rhythmus – man stelle sich vor, ich müßte in einer Erzählung schildern, wie meine Hauptfigur von einem, Pardon, Indianer begrüßt wird: »Der Vertreter der indigenen amerikanischen Bevölkerungen stand auf und ...« »Der Native American ergriff seine Hand und ...« »Der Angehörige der First Americans schüttelte ...« »Der Vertreter der First Nations schüttelte noch immer ...« Welches der politisch korrekten Wörter man auch verwendet, der Satz wird sofort *literarisch* unkorrekt, nämlich zur bloßen Abfolge von Wörtern ohne Aura und Sinnlichkeit. Was in der Sonntagsrede eines Politikers geradezu erwartet wird, für einen Schriftsteller wäre es ein Armutszeugnis. Er wird entweder *neue, eigene* Umschreibungen dessen erfinden, was früher problemlos auszusprechen war, oder er verzichtet ganz auf das Thema. Hat er den Raum dazu, wie beispielsweise im Roman, wird er erfinden; ist der Raum begrenzt, wie in der Lyrik, wird er verzichten. So dünnt nach der Sprache auch die Literatur aus.

Wer macht Dich denn zum Sklaven der Pflichtvokabeln? Wird denn nicht der Resonanzraum Deiner ganz eigenen Sprache umso grösser, je eintöniger das Gerede um Dich herum vor sich hinplätschert? Erhöhter Konformitätsdruck verstärkt doch noch die Lust an der Abweichung!

Wir sind tatsächlich an einem Punkt angekommen, wo man sich vor jeder öffentlichen Äußerung sehr genau überlegen muß, wie wahrhaftig man sie machen will, kann, sollte – schließlich will man ja *wirklich* niemanden unwissentlich beleidigen. Wenn schon, wirst Du widersprechen, mit all den neu dekretierten Wörtern können wir ja neu über die Welt nachdenken! Schon recht. Aber eben nurmehr in einer gewisse Tatsachen bewußt umschreibenden Sprache, die keinesfalls mehr auf eindeutige Inhalte angelegt ist. Selbst die Polizei spricht in ihren Pressemitteilungen nur noch von Tätern mit »südländischem Aussehen«, wenn sie Araber aus dem Maghreb meint – und handelt sich trotzdem, zum Beispiel vom Integrationsrat der Stadt Bielefeld, oder gerade deshalb den Vorwurf des »racial profiling« ein. Gibt es überhaupt noch Worte, die nicht *irgendwelche* versteckten Inhaltsstoffe enthalten, die *irgendwer* als diskriminierend empfinden könnte? Welche Haltung können wir überhaupt noch zum Ausdruck bringen, wenn uns das Medium, in dem wir es gemeinhin tun, bereits eine Haltung aufzwingt, die wir gar nicht einnehmen möchten?

Dass Sprache je auf Erkenntnisgewinn gepolt gewesen sei, scheint mir eine anfechtbare Sicht. Ist Sprache nicht vielmehr eine Weise der Welterzeugung? Zugegeben, die Welten, die umwegig-gewundenes Gutsprech erzeugt, machen einen armselig-verdruksten Eindruck. Aber es hindert Dich doch im Ernst niemand daran, ihnen mit Deiner Sprache viel reichere Welten entgegenzusetzen? Von Dir als Schriftsteller will man anderes hören, Farbigeres, Scharfkantigeres, als von Kandidat*inn*en um den Posten einer/s/* Gleichstellungsbeauftragt*en*in. Freuen müsste es Dich aber doch, wie sehr aus den ganzen Debatten um eine allen und jeder/m/* gerecht werdenden Sprache ein ungebrochener Glaube an die Sprache spricht – daran, dass sie Wirklichkeiten hervorzubringen oder wenigstens umzugestalten vermag. Von diesem Glauben lebst auch Du als Schriftsteller. Leite das Wasser aus den Debatten um das Noch- und Nicht-mehr-Sagbare also um auf Deine Mühlen! Ein Punkt vielleicht noch: Diese Debatten sind beseelt von der Besorgnis, man laufe ständig Gefahr, irgendjemanden zu verletzen. Und Sprache erscheint als ungemein gefährliche Waffe, die immer irgendjemanden zu verletzen droht, weshalb man sie wortpolizeilich einzuhegen hofft.

Aber der Glaube an ein verletzungsfreies Leben ist für sterbliche Lebe-
wesen eine gefährliche Illusion. Philosophen und Schriftsteller sind ja
quasi von Amts wegen dazu verurteilt zu verletzen. Denn zu ihren vor-
nehmsten Aufgaben gehört es, Illusionen zu zerstören. Und das ist, für
alle Beteiligten, schmerzlich, ohne dass jeder so weit gehen müsste wie
Ulrich von Hutten bei Conrad Ferdinand Meyer: «Mich reut die Stunde,
die nicht Harnisch trug! Mich reut der Tag, der keine Wunde schlug!»

Im Prinzip stimme ich Dir zu, ein Schriftsteller muß sich seine
Sprache auch gegen den herrschenden Zeitgeist bewahren, nur
das macht ihn ja zum Schriftsteller, Hier-schreibe-ich-ich-kann-
nicht-anders-Amen. Aber in der heutigen Zeit schreitet bereits
mein eigener Lektor dagegen ein – »um mich vor Mißverständ-
nissen zu bewahren«, »um mir den Beifall aus der falschen Ecke
zu ersparen«, »um meinen Text nicht dort angreifbar zu machen,
wo er gar nicht sein eigentliches Thema behandelt«. Womit wir
beim Thema Zivilcourage wären. Wieviel Haltung muß man öffentlich *demonstrieren*, um als jemand zu gelten, der Haltung *hat*?
Und bis wohin muß man sie *durch*halten? Muß man als eine Art
Zeuge Jehovas in puncto Sprache dauernd irgendwo herumste-
hen, wo man möglichst vielen die vermeintliche Wahrheit entge-
genhält, muß man jeden Tort ausfechten, den uns der politisch
korrekte Sprachkonsens abnötigen will? Oder ist es womöglich
eleganter, die Restriktion der Begriffe so zu unterlaufen, daß es
von den Tugend- und Begriffswächtern gar nicht erkannt wird?
Und dem Leser zwischen den Zeilen umso mehr zu lesen gibt? Das
ist eine Grundsatzentscheidung, in Zeiten unserer ausfransenden
Spätdemokratie zumindest ein Problem für gewisse Berufsgrup-
pen. Natürlich ist es möglich und oft sogar ein Vergnügen, Vorgaben und Restriktionen mit Sprachwitz zu konterkarieren und
eine Sprache hinter der Sprache zu finden. Du wirst diesen Druck
der herrschenden Umstände auf den Schriftsteller wahrscheinlich sogar begrüßen, weil er ihn erst so richtig kreativ macht?

Tatsächlich neige ich dazu, einen gewissen Anpassungsdruck, den ich
ironisch unterlaufen kann, um eine Sprache hinter der Sprache zu fin-
den, auch für philosophisch fruchtbar zu halten. Sowohl in der aka-
demischen als auch in der populären, fernsehtauglichen Philosophie

*ist gedankliches und moralisches Juste milieu gefragt. Böse, ganz böse,
wer da beispielsweise mit dem Vorzeigeschurken Nietzsche hausieren
geht. Du führst die Zeugen Jehovas zwar als Widerstandsheroen an,
aber sie wagen es ja nicht einmal, von sich aus die Passanten anzu-
sprechen. Du als Schriftsteller hingegen tust das unablässig, ohne wie
die Fernsehphilosophen immer nur das Nette und Harmlose zum Besten zu geben.*

Zivilcourage oder ziviler Ungehorsam

Ich würde gern noch mal zurück zur Zivilcourage kommen und
zur Kardinalfrage: Bis wohin geht man – nicht etwa nur als
Schriftsteller – aufgrund seiner Haltung? Wieviel Verantwortung übernimmt man sogar für andere aufgrund seiner Haltung,
sprich, maßt man sich an, für andere übernehmen zu »müssen«,
weil die es angeblich nicht selber tun oder falsch tun? Haltung
als Verpflichtung dessen, der über Privilegien verfügt, zum Beispiel Verstand. Haltung als Haltungsvorgabe für andere. Haltung
als Anmaßung. Und schon wären wir wieder bei der Blasenlinken, wenn wir deren Rigorismus nicht schon genug thematisiert
hätten. Haltung als Freifahrtschein, um selbst kriminelle Taten
zu begehen. Und schon wären wir bei den Terroristen von rechts
oder links. Bei *anderen* springt uns ein Übermaß an Haltung sofort ins Auge. Blicken wir aber mal auf uns selbst: Hat auch Zivilcourage ihre Grenze? Oder ist sie etwas, das man nur ganz oder
gar nicht haben kann, als ein innewohnendes Handlungs- und
Haltungsprinzip, eine Art moralischer Urmeter?

*So recht geheuer ist mir die Zivilcourage nicht. Man scheint sie erfun-
den zu haben als Gegenstück zum soldatischen Mut. Erst in der bürgerlich geprägten Welt nimmt sie Fahrt auf, auch wenn es ausgerechnet
Bismarck gewesen sein soll, der sich des französischen Fremdwortes
zum ersten Mal nachweislich bedient hat. Ein moralischer Urmeter ist
sie gewiss nicht, denn sie wird ja stets situativ in Anspruch genom-*

men – und diejenigen, die sie in Anspruch nehmen, können sowohl ganz links als auch ganz rechts stehen. Sie glauben, zivil couragiert zu sein, weil sie sich öffentlich und hörbar gegen etwas verwahren, das gerade geschieht und ihr persönliches Gerechtigkeitsempfinden verletzt. Jemand kann also glauben, zivil couragiert zu sein, wenn er sich dafür einsetzt, dass eine Flüchtlingsunterkunft im eigenen Dorf eingerichtet wird. Jedoch darf sich auch derjenige, der gegen diese Einrichtung protestiert, in diesem Glauben wiegen. Wer soll über echte und falsche Zivilcourage richten, wenn man selbst Partei ist? Vielleicht besinnt man sich ohnehin besser auf die Definition, die Odo Marquard gegeben hat: «Nicht jede x-beliebige Aufmüpfigkeit» sei Zivilcourage. «Man braucht sie überhaupt nicht nur für das Nein, sondern auch und gerade für das Ja. Ich meine: Zivilcourage ist vor allem der Mut, zivil – also ein civis, ein polites, ein Bürger – zu sein; oder kurz gesagt: Zivilcourage ist der Mut zur Bürgerlichkeit». Das ist zumindest ein ehrbarer Versuch, antibürgerlichen Radikalen jedweder Färbung das Courage-Privileg zu entreissen. Doch richtig warm und heimelig wird es mir nicht mit der Zivilcourage, obwohl sie ja offensichtlich als gesellschaftliche Tugend gilt: Dabei wären Nest- und Herdwärme als Folge von Zivilcourage zu erwarten, sofern man sie im eigenen sozialen Umfeld demonstriert, und einem dann diejenigen auf die Schultern klopfen, die sich mit diesem Engagement identifizieren. An der Wärme, die ich für allseits sichtbares Courage-Demonstrieren zur Belohnung bekomme, liegt mir nicht – und ob mir an der Zivilcourage selbst liegt, die doch längst der Begriffsinflation anheimgefallen ist, bleibt mir zweifelhaft. Was genau bedeutet es denn für Dich, Zivilcourage zu zeigen?

Naja, zum Beispiel dieses Gespräch zu führen! Obwohl wir wissen, daß wir aufgrund gewisser Äußerungen, herausgelöst aus dem Kontext, leicht diffamiert werden könnten. Schließlich betreiben wir Kritik an der herrschenden Elite, der wir selber angehören, was kann es Schlimmeres geben?

Apropos Zeigen und Demonstrieren: Nicht nur im Zusammenhang mit Zivilcourage, sondern auch mit Haltung sind das die am meisten benutzten Verben. Man zeige Haltung oder Zivilcourage, heisst es. Hat man sie dann auch? Oder hat sie der, der sie zeigen und wie eine Monstranz vor sich hertragen muss, gerade nicht?

Zivilcourage ist eine zweischneidige Sache. Klar, es gibt eindeutige Fälle: Wenn jemand eingreift, um einem Bedrohten beizustehen. Aber was ist, wenn dieser Jemand nicht einen einzelnen, sondern das Gemeinwohl bedroht sieht? Obwohl die Gemeinschaft ausgerechnet einen wie ihn als Bedrohung empfindet? Demonstrieren die Falschen Zivilcourage, indem sie sich über den gesellschaftlichen Konsens hinwegsetzen und die Werte einer Subszene auf Kosten der Gesamtheit durchsetzen, geißeln wir ihr Handeln als zivilen Ungehorsam. Mut zur Bürgerlichkeit, auch wo sie als »altmodisch« oder gar »spießig« abgetan wird, ist kein schlechter Ausgangspunkt, um den Begriff Zivilcourage gegen die einseitige Verwendung durch den Zeitgeist abzugrenzen. Und erst recht gegen den zivilen Ungehorsam, mit dem unsre »Zivilgesellschaft« dem Rest der Welt zeigen will, daß auch Deutsche eine Bastille erstürmen könnten, wenn's denn in Deutschland eine gäbe.

Der «zivile Ungehorsam» hat hierzulande jedenfalls eine gefährliche Schlagseite, nicht nur hin zum unfreiwillig Komischen, wenn man ihn dort zelebriert, wo politischen Forderungen gar keine institutionelle, staatliche Repression entgegensteht. Oft ist er nur moralische Pose, da beispielsweise niemand das Recht auf Obdach bestreitet und also Hausbesetzungen, die angeblich dieses Recht geltend machen wollen, überflüssig sind. Oder das Recht von Studierenden, zu streiken, wenn sie meinen, Studiengebühren und der Klimawandel seien des Teufels. Nicht selten zieht der angebliche «zivile Ungehorsam» auch eine Blutspur nach sich.

Und kann, denken wir an die RAF, unverhofft in Terrorismus umschlagen.

Wer in einer Kultur, die möglichst vieles für möglichst viele möglich macht – in der jetzigen nämlich –, es für «zivilen Ungehorsam» hält, bei Demos Puppen der Kanzlerin an den Galgen zu knüpfen oder ein G20-Treffen mit Steinen und Molotowcocktails zu bekriegen, vertut sich nicht nur in der Wahl der Mittel. Der Ungehorsam verliert hier seine Zivilität, und das ohne Not, denn es steht eine Fülle von Möglichkeiten zur Verfügung, seinen Widerspruch auf zivile Weise ausdrü-

cken. In der Jetztzeitkultur sind die zivil legitimierbaren Gelegenheiten zu einem in Gewalt umschlagenden «zivilen Ungehorsam» dünn gesät.

Im besonderen müßte man Zivilcourage wohl auch gegen die pauschale Zuschreibung an gewisse Satiriker verteidigen. Gibt es heute überhaupt noch eine Grenze des guten Geschmacks? Würdest Du mit Deinem Mut zur Bürgerlichkeit auch diese Grenze nicht verteidigen?

Dass sich Satiriker gelegentlich als Bürgerschreck gebärden müssen, um als Satiriker wahrgenommen zu werden, versteht sich. Dass guter Geschmack mitunter auf der Strecke bleibt, nicht nur, wenn orientalische Despoten angegangen werden, gehört ebenfalls zum Geschäftsmodell, nämlich möglichst viel Wind zu machen. Mit Zivilcourage haben derlei satirische Einlassungen nichts zu tun, umso mehr mit dem offensichtlich erfolgreichen Bemühen, maximale Aufmerksamkeit zu erzeugen. Da Du darauf anspielst: Ich hätte diese Aufmerksamkeit anderen Gedichten gegönnt; aber man kann ja auch dankbar dafür sein, dass es überhaupt ein Gedicht war, das derart elektrisierend wirkte. Alles andere – Beleidigungsklagen, Persönlichkeitsschutz, Kunstfreiheit – ist in den Händen rechtsstaatlicher Gerichte gut aufgehoben.

In den Pumpensümpfen deutscher Befindlichkeit

Dennoch ahne ich, daß wir uns beim Versuch, Zivilcourage von zivilem Ungehorsam schärfer abzugrenzen, früher oder später wieder in Dissens begeben würden. Vielleicht weil wir hier am Kernpunkt unsres Gesprächs angekommen sind, dort, wo Haltung in Handlung übergehen könnte – oder eben nicht. Ich habe das Gefühl, daß Deine Haltung darin besteht, sie auf eine sehr sympathische, kluge, geschickt ausbalancierte Weise zu verweigern. Wohingegen ich, herausgefordert durch Deine Souveränität der Verweigerung, dazu neige, noch eine Schippe mehr draufzulegen und meine Thesen schärfer zuzuspitzen, als ich ursprünglich wollte. Als ob mich Deine Verweigerung von Haltung dazu reizt, ständig mehr Haltung zu fordern und zwangsläufig auch zu zeigen, als ich es normalerweise täte. Verrückt eigentlich, daß unsre eigene Haltung so vom anderen abhängt, von *dessen* Haltung.

Das ist ein interessanter Punkt: Wir reden über Haltung und schleifen unsere Begriffe als Antwort auf das, was der andere sagt. Wir gewinnen unseren jeweiligen Haltungsbegriff quasi reaktiv. Aber Menschen funktionieren nun mal notwendigerweise reaktiv: Wir reagieren, wie alle anderen Tiere auch, auf sich verändernde Umwelten. Es kommt darauf an, was wir aus dem machen, auf das wir reagieren – wie wir es uns einverleiben und für uns passend umformen. Was für unsere Haltungsbegriffe gilt, gilt auch für die Haltung selbst: Sie nimmt Gestalt an, wenn mich Aussenweltkontakte – sprich: Erfahrungen, ob daheim gemachte oder auf Reisen, ganz egal – dazu zwingen, eine Haltung auszubilden. In unseren unterschiedlichen Habitaten, Deinem grossstädtischen und meinem dörflichen, sind die täglichen Herausforderungen naturgemäss andere. Aber wir würden, als voneinander unterschiedene Wesen, auch auf dieselben Herausforderungen unterschiedlich reagieren. Und überdies steht jede Haltung unentwegt vor neuen, sich verändernden Herausforderungen. Menschen sind bewegliche Wesen, die mit jeder Bewegung, jedem Ortswechsel eine neue Perspektive finden und einnehmen. Daher gibt es für sie keine definitive Haltung, für alles und jedes. Sondern nur eine vorläufige, vorbehaltvolle.

Das versteht sich, noch dazu unter Nietzscheanern. Haltung an sich interessiert uns nicht, sie muß täglich neu gewonnen, anhand anderer Rahmenbedingungen *anders* gewonnen werden – vielleicht ist es das, was wir tatsächlich *beide* gegen Moraltrompeter von Rechts- und Linksaußen ins Feld führen können. Die Grundbeweglichkeit als Basis aller Haltungssuche zugrundegelegt, haben wir meiner Meinung nach doch täglich die Aufgabe, Haltung auch einzunehmen. Wozu sonst sollte man philosophische Exkursionen in die Pumpensümpfe deutscher Befindlichkeit unternehmen, wenn man nicht trittfesten Grund dabei sucht? Und für andere deutlich markiert? Wir müssen nicht unbedingt gleich Drainagen anlegen, aber das Terrain einfach nur aus intellektueller Neugierde und damit letztendlich nur für sich selbst abzumessen, hielte ich für verschenkt. Hier entziehst Du Dich für meinen Geschmack, und sogar aus Prinzip.

Ich bin zu erwidern geneigt, auch Jesus sei über das Wasser gegangen und habe sich nicht um Trittfestigkeit geschert. Aber im Ernst: Obwohl wir stets beweglich und unterwegs sind, heisst das nicht, dass wir uns bei jedem Schritt, bei jeder Blickwendung in etwas völlig Neues verwandeln. Offensichtlich behält gerade das Orts- und Blickwechselwesen Mensch sehr wohl einen Grossteil dessen, was es ausmacht, über längere Zeiträume bei. Es ist unvermeidlich, dass dabei eine Haltung – ein Raster typischer Handlungs- und Denkmuster – ausprägt wird, die in wiederkehrenden Situationen anwendbar bleiben. Normalerweise wird diese Haltung erst dann problematisch, wenn sie an der Wirklichkeit Schiffbruch erleidet. Als Philosoph sehe ich es eher als meine Aufgabe an, diese – jede – Haltung zu problematisieren, bevor der Schiffbruch eintritt. Es ist die Haltung der Haltungsreflexion, die mich antreibt – die des teilnehmenden und dazwischensprechenden Beobachters, der im Übrigen auch politisch nicht entscheidungsscheu sein muss. Jedoch verzichte ich gerne auf Haltungsversteinerungen, auf Letztfestlegungen, beispielsweise politischer Art, weil mir der Mensch nicht für Letztgültiges geschaffen zu sein scheint. Weniger Haltungspopanz, mehr Reflexionsarbeit, scheint mir das Haltungsgebot der Stunde.

Beständige Haltungshinterfragung als Haltung, gut. Ich frage mich jedoch, ob das in Zeiten wie der unseren, wo altvertraute Gewißheiten in Frage gestellt werden, nicht zuwenig Haltung ist. Die Haltung des Tonnenbewohners, der davon ausgeht, daß der Rest der Welt ein sich selbst regulierendes System ist, dessen gelegentliche Wartung und Pflege man getrost anderen überlassen kann. Der sich nur deshalb in die Pumpensümpfe des Systems begibt, weil er sich mit eigenen Augen überzeugen möchte, daß es in der Tonne doch am schönsten ist. Wenn ich diese deine Haltung nicht so verlockend fände, müßte ich sie arrogant nennen. Eine permanente Lockerungsübung, ohne daß sich aus der Lockerheit je eine konkrete Maxime, ein konkretes Ziel ergibt. Dabei wäre es genau diese Lockerheit, die man in die derzeitigen Debatten einbringen müßte! Lockerheit als äußerste Oberfläche einer daruntersitzenden Moral.

Würde «das System» sich selbst regulieren, bedürfte es keiner Pflege, die man anderen überlassen könnte. Jedoch reicht mein Glaube an die Jetztzeitkultur nicht so weit, dass ich sie für systemisch vollkommen, prästabiliert harmonisch halten würde – im Gegenteil ist die Unruhe, die Aufkündigung «altvertrauter Gewißheiten» ihr Lebenselixier. Nun bin ich Schweizer genug, um zu wissen, dass wir alle gleichermassen gefordert sind, mit Rat und Tat an jener politischen Welt herumzubasteln, in der wir leben wollen. Experte für das Glück und die Wünsche des anderen ist dabei niemand; und ich muss auch niemandem meine Haltung vordemonstrieren und zur Nachahmung empfehlen. Von der Tonne aus lässt sich übrigens vorzüglich am sozialen Ganzen teilhaben: Diogenes von Sinope hat es sich darin nicht einfach gemütlich gemacht, sondern vielmehr die biederen, des Altvertrauten so sicheren Athener mit seiner Impertinenz in Angst und Schrecken versetzt, in heilsame Angst und in heilsamen Schrecken. Obwohl mir die Diogenes-Rolle nicht liegt: Ich sehe die Aufgabe des Philosophen nicht darin, sich selbst oder die politische Welt zu «optimieren» – auch so ein schreckliches Wort –, sondern «Systemüberwachung» mit schrägem Blick und schrägen Fragen zu betreiben. Gerne auch in den Pumpensümpfen, locker oder nicht.

Freiheit wovon, Freiheit wozu

Ich würde mir wünschen, daß unser Gespräch nicht nur auf »Systemüberwachung« und die Reklamation größtmöglicher Gedankenfreiheit hinausläuft, auch wenn sie angesichts der sich verengenden Perspektiven unsrer öffentlichen Debatten sicher reklamiert werden muß. Es geht mir nicht nur um die Demonstration einer Freiheit wovon, sondern vor allem um die Freiheit wozu. Und damit untergründig auch immer um eine Bindung derselben an Moral – nicht an eine eindimensionale Moral, an eine, die Blaupause für andre sein will, nein! Aber eben doch an eine – meinetwegen – Moral im außermoralischen Sinne, die ...

... als Konsequenz der jeweils ganz persönlichen Umwertung aller Werte einen ebenso strengen, ja eigentlich weit strengeren Moralkodex aufstellt als den allgemein gültigen, jedenfalls wenn Du es im Sinne Nietzsches gemeint haben solltest ...

... die aus gewissen Gedankengängen zwangsläufig folgt. Oder diesen bereits zugrundeliegt? In jedem Fall notwendiger Teil meiner Haltung ist. Die Stoßrichtung dieser Haltung richtet sich gegen Vereinnahmungsversuche linker oder rechter Doktrinen, die ja immer mit moralischen Forderungen und Erwartungen, mitunter sogar Moraldiktaten verbunden sind. Aber mit der Abwehr des Falschen ist die Haltung nicht erschöpft. Sie will das, was sie für das Richtige hält, dagegensetzen. Sie drängt zum Urteil, zum Postulat, zur Handlung – und zwar nicht nur mich selber, sondern auch andere, die sich von dieser Moral im außermoralischen Sinne hoffentlich anstecken lassen. Sie gibt das Gestaltungsprinzip der Politik ebensowenig preis wie die immanente Pflicht der Philosophie zur Vision. Vielleicht ist auch das eine arrogante Haltung, weil sie etwas von anderen fordert, was ihr zu fordern gar nicht zusteht. Vielleicht ist sie auch nur die grimmige Kehrseite einer Hoffnungslosigkeit, die mich angesichts der Entwicklung der letzten Jahre ergriffen und, aber ja: müde gemacht hat.

Hoffnungslosigkeit wäre ein falsches Attribut, um mein Empfinden angesichts der gegenwärtigen Zustände zu beschreiben, weniger, weil ich Hoffnung für eine völlig überschätzte Tugend halte (was ich tue) und meine, das Glück und die Erfüllung gebe es nur hier und jetzt, nicht anderswo und anderswann (was ich ebenfalls tue). Mir scheint die Jetztzeitkultur, die sich aus der Freiheit des Denkens, des Empfindens und des Handelns speist und gewaltige Möglichkeitsräume öffnet, keineswegs so verkommen wie Dir. Hoffnungslosigkeit wandelt mich da nicht an, stattdessen ironisches Erstaunen über die allenthalben grassierende Panik, gerade gehe das Abendland unter. Der Modus des Abendlandes ist seit den alten Griechen in seinen besten Zeiten stets der Modus des Untergehens gewesen. Meine Jetztzeitbejahung bedeutet nicht, dass alles Gegebene gutzuheissen wäre – die Waffe des Spottes scheint mir für Kritik allerdings zielführender als die der Larmoyanz. Ich meine nicht, dass wir die Welt irgendwie moralisch bessern müssten. Wie Du selbst feststellst: So viel Moral wie heute war noch nie – so viel, dass einem bange werden kann. Übrigens predige ich nicht den Entscheidungsverzicht und die weltvergessene Kontemplation, sondern vertraue einerseits auf die gewaltigen sozialen und kulturellen Selbstheilungskräfte und treffe andererseits Entscheidungen, auch politische – als Schweizer Stimmbürger tue ich das ja alle paar Wochen ohnehin. Und zwar im Wissen darum, dass diese Entscheidungen vorläufig, experimentalskeptisch sind und keinen Anspruch erheben, von anderen geteilt zu werden.

Und nun Hand aufs Herz

Dennoch bemühe ich mich sehr wohl um eine Haltung, jedoch besteht die nicht in einem volkspädagogischen Anspruch, sondern darin, nach Kräften das Meinige in die Tat umzusetzen, denkend, redend, schreibend. Ich erfülle Pflichten und tue es gern, als akademischer Lehrer beispielsweise, über den sich die Studierenden hoffentlich nicht allzu sehr beklagen müssen. Aber diese Pflicht besteht – jenseits der bürokratischen Geschäftigkeit des modernen Universitätsbetriebes, die durchaus auch entspannend wirkt – vor allem darin, das Eigene zu tun. Und keine Kultur vor der unsrigen gewährte uns so viele Möglichkeiten, das Eigene zu tun. Tacitus sagt, Seneca habe der Welt in seinem Sterben die «imago vitae suae», das «Bild seines Lebens» hinterlassen – nicht das Bild seines Sterbens, das er vorzüglich stoisch absolviert hat. Diese «imago vitae suae» ist vielleicht das, was Du mit Haltung meinst. Wäre schön, wenn man einmal sagen könnte, wir seien dem Eigenen in diesem Sinne treu geblieben.

Auch hier stimme ich gern zu. Nur Friseure können, was Friseure können; wenn jeder beharrlich das Eigene betreibt, wird es auch fürs Allgemeine gut so sein. Und im allerbesten Fall entsteht dabei sogar eine Lebensspur. Allerdings habe ich es als Schriftsteller immer auch für meine Pflicht gehalten, mich gelegentlich vom genuin Eigenen, etwa dem Schreiben von Romanen, nicht etwa ab- und dem Allgemeinen zuzuwenden, nein! Sondern *aus dem Eigenen heraus* das Allgemeine zu betrachten und zu begleiten, mich einzumischen. Wenn ich in unserem Gespräch auf Konsequenzen der jeweiligen Haltung poche, dann nicht aus Larmoyanz, sondern aus Tatendrang: Die Welt, die ich liebe, ist nicht mehr zu retten, dazu ist sie schon zu sehr aus den Fugen geraten. Aber –

Auch Untergangsszenarien haben ihre Reize, und im Nachhinein dürfen wir zumindest sagen, wir seien dabeigewesen. Wie jedoch würde Dir als Schriftsteller eine Welt bekommen, die nicht aus den Fugen ist? Du wärst wort- und sprachlos.

Aber in *décadence*-Epochen, in denen sich sämtliche Standards und Überzeugungen auflösen, wie sie die Gesellschaft zu anderen Zeiten zusammengehalten haben, ist das Individuum auf sich selbst zurückgeworfen. Und muß für sich selbst entscheiden, wieviel es an Anteilnahme am Allgemeinen überhaupt noch aufbringen will, wo es seine eigenen Interessen in diejenigen der Gesamtheit einbringen kann. Wie gesagt, ich rede nicht vom Untergang des Abendlandes! Sondern vom Ende einer Epoche, in der ich sehr gern gelebt und auf meine Weise mitgemischt habe, rede vom Beginn einer neuen Zeit, in der uns vieles zerfällt, was wir noch in den 90ern gemeinsam aufgebaut haben. Einer neuen Zeit, wie sie nach 2001 anbrach und in der auch ich zunehmend nur noch mein Eigenes betrieben habe, weil mir das Anteilnehmen am Ganzen allenfalls zähneknirschend gelang. Aufs *Wie* und *Wieweit* des Dabeiseins kommt es freilich an. Skeptizismus ist etwas ganz anderes, wenn es als Mittel verstanden wird oder als Zweck; im einen Fall ist man Zeitzeuge, im andern Zeitgenosse.

Aufmerksame Zeitzeugenschaft ist schon schwer genug ...

Deine Haltung skeptisch-ironischer Zeitzeugenschaft ist cooler als die meine, keine Frage. Allerdings glaube ich, daß die Zeit der Coolness abgelaufen ist: Coolness ist für mich heute nur noch ein schöneres Wort für Ego-Trip und völlig uncool. Wer sich in Zeiten der Krise heraushält, ist jedenfalls keiner, mit dem man die Krise bewältigen kann, da kommt zum Staatsversagen das Staatsbürgerversagen. Damit meine ich nicht Dich, Ursus, Du stehst Mitläufertum und Indifferenz so entfernt wie ich, hoffentlich, dem weltanschaulich zudringlichen Aktionismus. Ich rechne Deine Haltung nur aus rhetorischen Gründen ein Stück weiter ins Extrem, weil ich Dir dann auch eine gewisse Vermerkelisierung der philosophischen Setzungskraft unterstellen kann. Und als Probe aufs Exempel gern ins konkrete Detail gehen und mich mit Dir über Migrationspakt, Schaffung einer europäischen Armee, Gelbwestenrevolution abstimmen würde, also überall da, wo es mit der Moderation von Partikularinteressen zwecks Erzielen von Kompromissen nicht getan ist. Vielleicht ja, um zumindest in unserem Binnendiskurs eine Art Schweizer Basisstimmrecht auszuüben. Bestimmt aber aus Freude, weil wir in unserem Gespräch trotz unterschiedlicher Haltung eine ehrliche Art der Auseinandersetzung gefunden haben und weil ich es schon allein deshalb immer so weiterführen möchte.

Nur zu! Aber das steht auf einem anderen Blatt. Und dann werden wir vielleicht auch wissen, ob alles vor die Hunde gegangen ist – oder die Hunde doch nur gebellt haben, die Karawane aber mit reicher Ladung weitergezogen ist.

Und vielleicht haben sich bis dahin auch die Haltungsschäden begradigt, ganz ohne »Buggelidurne«.

Unser Gespräch wurde zwischen 9. August und 1. Dezember 2018 geführt, zum überwiegenden Teil als Mailwechsel. Bei der Überarbeitung des Textes wurde auf aktuelle Ereignisse nur am Rande eingegangen. Korrekturen und Ergänzungen wurden bis zum 3. März 2019 vorgenommen.

Textpassagen von Andreas Urs Sommer sind in »helvetisch gemässigt neuer Rechtschreibung« gesetzt. Matthias Politycki schreibt hingegen nach wie vor in »gemäßigt alter Rechtschreibung«. Vielleicht ist das wechselweise Geltenlassen der Orthographie bereits eine beiläufige Demonstration dessen, was in diesem Buch verhandelt wird: das Aushalten der Differenz als Basis von Freundschaft.

Ihr kostenloses eBook

Vielen Dank für den Kauf dieses Buches. Sie haben die Möglichkeit, das eBook zu diesem Titel kostenlos zu nutzen. Das eBook können Sie dauerhaft in Ihrem persönlichen, digitalen Bücherregal auf **springer.com** speichern, oder es auf Ihren PC/Tablet/eReader herunterladen.

1. Gehen Sie auf **www.springer.com** und loggen Sie sich ein. Falls Sie noch kein Kundenkonto haben, registrieren Sie sich bitte auf der Webseite.
2. Geben Sie die eISBN (siehe unten) in das Suchfeld ein und klicken Sie auf den angezeigten Titel. Legen Sie im nächsten Schritt das eBook über **eBook kaufen** in Ihren Warenkorb. Klicken Sie auf **Warenkorb und zur Kasse gehen**.
3. Geben Sie in das Feld **Coupon/Token** Ihren persönlichen Coupon ein, den Sie unten auf dieser Seite finden. Der Coupon wird vom System erkannt und der Preis auf 0,00 Euro reduziert.
4. Klicken Sie auf **Weiter zur Anmeldung**. Geben Sie Ihre Adressdaten ein und klicken Sie auf **Details speichern und fortfahren**.
5. Klicken Sie nun auf **kostenfrei bestellen**.
6. Sie können das eBook nun auf der Bestätigungsseite herunterladen und auf einem Gerät Ihrer Wahl lesen. Das eBook bleibt dauerhaft in Ihrem digitalen Bücherregal gespeichert. Zudem können Sie das eBook zu jedem späteren Zeitpunkt über Ihr Bücherregal herunterladen. Das Bücherregal erreichen Sie, wenn Sie im oberen Teil der Webseite auf Ihren Namen klicken und dort **Mein Bücherregal** auswählen.

EBOOK INSIDE

eISBN 978-3-476-04994-0
Ihr persönlicher Coupon zGjTpcRFx5GesrM

Sollte der Coupon fehlen oder nicht funktionieren, senden Sie uns bitte eine E-Mail mit dem Betreff: **eBook inside** an **customerservice@springer.com**.